창조 · 성장 · 치유를 위한

치유명상 5단계

창조 · 성장 · 치유를 위한 **치유명상 5단계**

2019년 5월 29일 초판 1쇄 발행
2022년 3월 18일 초판 2쇄 발행

지은이 | 윤종모
펴낸이 | 김영호
펴낸곳 | 도서출판 동연
등 록 | 제1-1383호(1992년 6월 12일)
주 소 | 서울시 마포구 월드컵로 163-3
전 화 | (02) 335-2630
팩 스 | (02) 335-2640
이메일 | yh4321@gmail.com

ISBN 978-89-6447-507-2 03180

창조·성장·치유를 위한

치유명상
5단계

윤종모 지음

동연

평소 윤종모 주교님을 뵐 때면 밝은 에너지를 느낍니다. 온화하고 건강한 기운이 전해져 제 마음도 싱그럽고 평화로워지곤 합니다. 그 에너지의 원천에 명상이 있다는 것을 이번에 집필하신 책을 읽고 느낄 수 있었습니다.

명상이란 깊은 생각을 통해 마음을 치유하고 건강과 지혜를 얻는 과정이라고 생각합니다. 많은 분들이 명상을 지나치게 무겁고 엄숙한 의식으로 생각합니다. 고요하고 깊은 생각이 주는 즐거움을 모른 채 살아가고 있습니다.

이 책은 그러한 고정관념에 새로운 시각을 제시합니다. 모든 사람들이 부담 없이 실천할 수 있도록 명상의 과정과 주제들을 알려줍니다. 책을 접하는 많은 분들이 보다 더 건강하고 기쁜 삶을 누리시기를 기원합니다.

_ 구자홍(LS-니꼬 회장, 전 LG전자 회장)

현 시대는 IT와 인공지능의 등장으로 우리의 생활이 날로 편리해지는 듯하지만, 영혼은 지치고 외로움에 빠져든다. 구글, 애플, 페이스북 같은 IT 기업들과 여러 대학의 명상연구소들은 이런 현대문명

의 위기를 명상으로 극복하려고 노력하고 있다. 교회도 이런 시대
적 흐름에서 벗어날 수 없다. 기독교적 관점에서도 명상을 살펴봐
야 할 때에 출간된 윤종모 주교님의 책을 반가운 마음으로 강력 추
천한다.

_ 권수영(연세대학교 신과대학장 겸 연합신학대학원장)

명상에 대한 관심이 날로 커지고 있고 명상과 관련된 책도 많이 나
오고 있습니다. 명상가이자 대학에서 영성상담을 가르치기도 하신
윤종모 주교님은 명상을 폭넓게 이해하고 지도하고 계십니다. 새로
나온 주교님의 책은 이 시대에 상처받는 많은 분들의 영적 성장을
도와줄 것입니다. 명상을 5단계로 나누어 친절하고 체계적으로 제
시하고 있어서 명상을 처음 배우려고 하는 초보자에게도 좋은 입문
서가 될 것입니다.

_ 김정호(덕성여자대학교 교수, 전 한국심리학회장)

"나는 기도한다. 고로 나는 존재한다." 어느 종교학자의 말이다. 기
도 중 가장 심오한 형태가 명상이라는 의미에서 "나는 명상한다. 고
로 나는 존재한다"라고 하는 것이 더 적절할 수도 있을 것이다. 사실
명상을 하면 그냥 존재할 뿐 아니라 깨달음을 통해 세상을 보는 눈
이 맑아져 모두가 아름답게 보이게 된다. 이처럼 명상을 하면 좋다
는 것은 아는데 막상 명상을 하려고 하면 막연하기 그지없다. 이 책
은 인류가 유산으로 물려받은 여러 가지 전통적 명상법과 현대 의

학자들이나 심리학자들의 연구와 실험 결과를 토대로 주교님 스스로 체계화한 명상법을 자세히 일러주므로 가히 명상의 길잡이가 되기 충분하다. 이런 책을 펴내신 윤종모 주교님께 독자를 대신하여 감사하고 싶은 마음이다.

_ 오강남(캐나다 리자이나대학교 종교학과 명예교수)

윤종모 주교님의 얼굴에는 늘 아이 같은 미소와 호기심이 가득하다. 나이 차이가 아무리 커도 금방 친구처럼 편해진다. 그의 명상도 이와 같다. 갈수록 옥죄는 현대의 생활 전선에서 지치고 상처받은 사람들이 쉼과 평온을 갈망하면서 점점 더 많이 명상을 찾고 있다. 하지만 사람들은 명상에서조차도 이미 몸과 마음에 깊이 배어있는 강박을 벗지 못한다. 남보다 앞서야 하고 조급하며 이론 무장부터 하려 든다. 윤 주교님의 명상은 호기심 많은 친구와 대화하며 즐기듯 우선 편하다.

_ 엄주엽(문화일보 문화부 선임기자)

윤종모 주교님은 오랜 세월 명상을 계속해 왔으나 명상을 치열하게 수련하기보다는 명상을 즐기는 편이었다고 한다. 우리가 꾸준하게 명상을 지속해 몸과 마음 그리고 삶을 변화시키려면 엄숙한 구도자의 자세보다 잘 즐기는 것이 더 중요할지 모른다. 이 책은 치유와 성장, 창조를 위한 명상을 단계적인 프로그램으로 제시, 누구나 명상을 즐기며 멋지고 아름답게 살아갈 수 있는 길을 친절하게 안내해 주고 있다.

_ 김종락(대안연구공동체 대표)

바르고, 안전하고, 통합적이고, 즐거운 명상의 길이 이 책에 들어있다. 초보자에서 전문가에 이르기까지 명상하는 사람이라면 누구나 필독하기를 권한다. 명상의 원리와 구체적인 방법이 녹아들어 있는 이 책을 통해 심신건강과 행복증진의 실제적인 효과를 얻을 수 있다. 윤종모 주교님의 원만하고 평화로운 삶의 원천이 여기에 있음을 알게 된다.

_ 송순현(명상힐링협동조합 정신세계원 이사장)

의사라는 직업은 보기와는 달리 사실 긴장과 스트레스의 연속이다. 좋은 진료를 위해서 의사들은 피로를 잘 풀고 건강을 잘 관리해야 한다. 피로와 건강을 잘 관리하는 방법으로 운동과 친밀한 인간관계도 중요하지만, 그에 못지않은 좋은 방법이 바로 명상이다. 명상은 바쁜 현대를 사는 모든 사람에게 다 필요한 것이지만, 특히 의사들에게는 매우 중요한 도구라는 생각이 든다.

_ 손용하(연세퍼스트치과 원장)

책머리에 독자에게 드리는 말씀

이 시대는 명상에 대한 관심을 가지고 있는 사람들이 매우 많아졌다. 그리고 실제로 명상을 하는 사람들도 많이 늘어났다. 그러나 명상을 실제로 어떻게 해야 하는지 알지 못해 헤매는 사람들이 너무 많다.

최근에 명상을 연구하는 학자들이 많아졌고, 대중매체에서 명상을 소개하는 기사나 영상들도 많아졌는데, 매우 고무적이다. 그러나 명상에 관한 기사나 강의에 자극을 받아 명상을 해봐야겠다는 결심을 해도 막상 어떻게 해야 하는지 방법을 몰라 목이 마른 사람들이 너무 많은 게 사실이다.

상담자나 심리치료사들은 명상을 치유에 어떻게 응용할 수 있을까 하는 문제에 관심이 많다. 기독교인들 중에는 명상을 하고 싶어도 명상에 대한 오해 때문에 선뜻 명상을 배우려고 하지 못하는 사람들도 많이 있다.

나는 이런 사람들에게 명상 길잡이가 되기 위하여 이 책을 쓴다.

명상은 본래 혼자 하는 것이다.

그러나 처음에는 명상을 오래 수련해 온 사람에게 명상에 대한 기본 원리를 배우고 명상을 하는 것이 중요하다.

나는 명상을 처음 시작하는 사람들이 명상을 바르게 그리고 즐겁게 수련하는 길을 제시하기 위해 이 책을 쓴다.

이 책은 창조, 성장 그리고 치유를 위한 전문적인 내용의 명상 방법도 제시되어 있어서 명상에 익숙한 사람들에게도 유용한 내용이 될 것이다.

'창조·성장·치유를 위한 치유명상 5단계'라는 이 명상 프로그램은 자기만의 명상 스타일을 갖추기 전에 반드시 알아야 할 명상의 다섯 단계를 소개하고 있다. 나는 이 명상 프로그램을 '치유명상 5단계' 혹은 'HM5S'(Healing Meditation 5 Stages)라고 부른다.

치유명상 5단계의 내용을 간단히 소개한다.

첫 번째 단계는 명상에 대한 이해이다. 명상이 무엇을 어떻게 하느냐 하는 것을 이해하고 나서 명상을 하면, 명상을 중도에서 포기하지 않고 명상을 계속 즐기게 된다.

두 번째 단계는 호흡 연습이다. 호흡은 명상에서 처음과 끝이라고 해도 지나치지 않다. 호흡을 하면서 마음의 고요 속에 들어갈 수 있고, 집중력이 발달하며, 깨달음으로 들어가는 토대를 마련할 수 있게 된다.

깨달음이란 늘 보던 일상적인 것들을 마음의 눈으로 보는 것이다. 마음의 눈이란 사물의 외향 너머 보이지 않는 곳에 있는 의미의 세계를 볼 수 있는 지혜 같은 것인데, 마음의 눈으로 보면 모든 사람과 사물이 다 그 존재 자체가 존귀하게 보이고 아름답게 보인다. 깨달음이란 이런 마음의 눈을 얻어서 영혼 깊은 곳에 평화와 잔잔한 기쁨을 느끼는 것이다. 깊은 호흡을 통하여 마음의 고요를 형성하는 것이 이런 깨달음의 첫 단계이다.

세 번째 단계는 창의성, 성장 그리고 치유를 위한 정신통합 명상이다. 정신통합psychosynthesis은 자아초월심리학자인 로베르토 아싸지올리Roberto Assagioli의 이론인데, 성장지향적이어서 성장과 치유를 위한 명상에 적합하다. 사실 HM5S 프로그램의 핵심적인 부분이다.

이 책의 특징은 상담심리학 혹은 자아초월심리학적인 관점에서 쓴 명상서이다. 그런 점에서 기존의 명상서와 약간의 결이 다른 차별화가 되는 명상서라고 할 수 있다.

네 번째 단계는 자기에로의 여행이다. '나는 누구인가'라는 주제에 대해 실존적 차원에서부터 심리학적 차원에 이르기까지 공부해 보는 단계이다. 그러면서 동시에 '나'라는 정체성을 형성한 과거의 궤적을 탐구해본다.

마지막 다섯 번째 단계는 마음 디자인 명상이다. 이 세상에 와서 짧은 기간 존재하다가 가는 인생이지만, 그 한평생을 살면서 어떻게 하면 가치 있는 삶, 의미 있는 삶 그리고 행복한 삶을 살 수 있을까 하는 문제를 성찰하는 단계이다.

이 책의 HM5S 프로그램은 기존에 내가 썼던 명상 책들을 참고로 하여 썼음을 알려드린다. 그러나 새로운 시각으로 편집했으며, 창조, 성장, 치유를 위한 새로운 내용도 소개했으므로 명상을 수련하고자 하는 분들에게 큰 도움이 되리라고 기대해 본다.

그리고 부록으로 '고쳐 쓰지 않은 명상시' 10편을 첨부했다. 나는 명상을 수련하는 사람들에게 반드시 명상일지와 명상시瞑想詩를 써보라고 권한다. 명상시는 명상 중에 경험한 어떤 생각이나 깨달음을 그냥 시 형식으로 써보는 것이다. 그러니 시어詩語가 아름답거나 세련되지 못하고 투박하거나 거칠 수도 있는데, 이것은 별로 중요하지 않다.

명상시를 쓰는 목적은 명상시를 쓰면서 자신의 생각이나 깨달음을 정리해 보고, 그것들을 다시 명상 중에 바라보면서 자신의 영성을 성장시켜가는 것이다

차례

　세계보건기구WHO가 1946년도에 건강에 대해 내린 정의에 따르면, 건강이란 질병이 없는 육체, 정신적 건강 그리고 사회적 건강까지 있어야만 건강하다고 말할 수 있다고 한다.

　그러나 그로부터 약 50여 년이 지난 1998년도에 WHO는 건강에 대한 생각을 약간 수정하였다. 즉, 기존에 있었던 육체적 건강, 정신적 건강, 사회적 건강에 영성적 건강(spiritual well-being)이라는 요소를 추가했던 것이다. 이런저런 이유로 오늘날 건강에 대한 정의는 매우 광범위해졌다.

　영성을 논할 때 다음의 세 가지 분야를 성찰하는 것이 바람직하다. 이것은 내가 캐나다 토론토대학에서 상담과 영성을 공부할 때 어떤 성공회 교회에 들른 적이 있는데, 그 교회의 명상방meditation room에 걸려 있던 문구들이다.

　그것은 '위를 바라보기'(look up), '밖의 세상을 바라보기'(look out) 그리고 '자신의 내면을 바라보기'(look in) 등이 그것이다.

　위를 바라보라는 것은 세속적인 일상사를 초월하는 좀 더 고귀하고, 아름답고, 영원한 영적 차원의 것에 관심을 가지라는 것이고, 밖의 세상을 바라보라는 것은 자기 자신에게만 관심을 기울이지 말고 더불어 살아가는 타인과 공동체에게도 관심을 가지라는 것이며, 자신의 내면을 바라보라는 것은 자신의 참된 존재를 살펴보라는 것이다.

명상은 이 세 가지 영성적 차원을 살펴볼 수 있는 가장 적절한 도구이다. 종교에 관계없이 명상하는 사람은 이 세 가지 요소들을 성찰해야 할 것이다.

인간은 반드시 명상을 해야 한다. 명상은 정신적인 건강과 영성적인 건강을 형성하는 가장 훌륭한 도구이기 때문이다.

1960년대에 미국에서는 기존의 기독교문화와 합리주의 그리고 기계론적 세계관(mechanistic world view) 등에 반발하면서 뉴에이지new age라는 새로운 영성운동이 일어났는데, 히피hippie족이나 반문화운동counter-culture movement 등이 대표적이라 할 수 있다. 이들은 사회, 문화, 정치, 생활양식 등에서 기존 사회 관습과는 매우 다른 일탈적인 면이 있었다. 그들은 전체론적holistic인 세계관, 인간성 개발 운동, 생태학적 운동, 페미니즘 운동, 힐링healing 등 긍정적인 면도 많았으나 절정경험peak experience을 위해서 LSD라는 마약도 즐겨 사용하였다. 그러나 LSD는 마음의 평화와 절정경험은 가져다주었으나 중독성이 있어서 신체와 정신을 망가뜨리는 결과를 가져왔다.

그런데 동양의 선禪 명상과 노장사상을 경험한 서구의 몇몇 심리학자들이 동양, 특히 티베트 등에 가서 명상을 수행한 일이 있었

는데, 그들은 명상 중에 LSD가 주는 것과 비슷한 절정경험을 체험
했다. 그리고 명상 중에 체험한 절정경험은 중독성이 없었다. 그들
은 미국으로 돌아와서 서구 사회에 동양의 명상을 소개하였다.

이후 명상은 미국에서 선풍적인 인기를 끌게 되었고, 하버드
의과대학의 허버트 벤슨Herbert Benson은 명상을 치료적인 차원에 그
리고 매사추세츠대학교의 의과대학 교수인 존 카밧진Zon Kabat-Zinn
은 명상을 스트레스 완화와 심리치료에 응용하여 사용하였다.

존 카밧진 교수의 스트레스 완화 프로그램인 MBSR(mindful-
ness-based stress reduction) 프로그램은 알아차림에 기반을 둔
인지치료 프로그램인 MBCT(mindfulness-based cognitive ther-
apy)와 함께 오늘날 전 세계에 보급되어 많은 사람들이 관심을 가
지게 되었다.

이들 의사와 심리학자들의 활약으로 명상은 하나의 시대의 흐
름으로 자리 잡게 되었고, 이후 뇌과학의 발달로 명상과 뇌의 관계
를 연구하는 경향이 인기를 끌면서 오늘날 명상은 과학명상으로
자리매김하게 되었다.

우리나라에서도 심리치료와 과학적 명상을 주축으로 하는 '한
국명상학회'가 설립되었고, 최근에는 의사들을 주축으로 하는 '대
한명상의학회'도 설립되었으며, 2018년에는 'KAIST 명상과학연
구소'도 설립되었다.

이 시대는 가히 인공지능AI과 함께 명상瞑想, meditation이 대세인
것처럼 보인다.

한국도 명상이 일반 대중의 관심사로 떠오르고 있다. 종교인, 구도자, 의사, 심리학자 그리고 상담자들도 좀 더 전문적인 차원에서 명상에 대해 새롭게 접근하고 있다.

그런데 명상이 일반화 내지는 대중화되면서 명상의 성격에 대한 혼란과 혼돈도 일어나고 있다. 어떤 사람들은 명상의 성격을 규정하면서 약간의 배타성과 독선적 태도를 보이기도 한다.

명상의 스펙트럼은 참으로 넓은 것이 사실이지만, 궁극적인 진리를 추구하는 전문적인 구도자들을 제외하면, 명상은 삶을 좀 더 효과적으로, 좀 더 진지하고 건강하게 그리고 좀 더 행복하게 살기 위한 기술이라고 생각한다.

나는 청년 시절부터 명상에 관심을 가지기 시작했으나 본격적으로 명상을 수련하기 시작한 것은 캐나다 토론토대학과 앨버타 대학에서 상담과 영성을 공부하기 시작하면서부터이다.

나의 경우에는 명상을 수련했다기보다는 즐겼다는 표현이 더 적절할 것 같다. 나는 오랜 기간 즐겨왔던 나의 명상 경험을 바탕으로 이미 네 권의 명상 책을 발간한 바 있다.

그런데 나는 이 책들에게서 늘 2% 부족하다는 느낌을 가지고 있었다. 그것은 구체적으로 명상을 해나가는 단계적 프로그램의 결여였다.

많은 사람들이 책에 서술된 내용대로 명상을 해봐도 잘 되지 않고 혼란만 더해진다고 불만이나 고통을 호소해 왔다. 그래서 나는 기존에 출판한 나의 명상 책들을 참고로 하여 '창조·성장·치유를 위한 치유명상 5단계'를 쓰기로 결심하기에 이르렀다.

나는 2003년『나무마을 윤신부의 치유명상』을 출판하면서 '치유명상 연구회'를 만들어 지금까지 소그룹으로 명상운동을 꾸준히 해오고 있다.

그동안 이전 책의 수정증보판인『치유명상』과 청소년을 위한 명상 책인『생명으로 키워라』,『마음 디자인』그리고『넓이와 깊이』등의 명상 서적을 출판한 바 있다. 나는 이 책들 안에 명상에 대한 나의 생각은 거의 다 담아놓았음으로 더 이상 명상에 대한 책은 쓸 마음이 없었다.

그러나 최근에 명상에 대한 마지막이 될지도 모르는 책을 한 권 더 써야겠다는 마음을 먹게 되었다. 그 이유는 대략 다음의 두 가지 이유에서다.

첫 번째 이유는 몇몇 명상 길벗들이 나의 오랜 명상생활을 기반으로 하는 실제적인 명상 프로그램에 관한 책을 하나 써달라는 권고 때문이고, 두 번째 이유는 명상의 대중화 혹은 명상의 과학화는 매우 바람직하기는 하지만 자칫하면 명상이 너무 기술적technical으로 흘러서 명상의 가장 중요한 요소인 깨달음의 깊이를 잃어버릴 것 같다는 노파심에 기인한다.

명상이 다루는 주제는 매우 다양하다. 어느 한 가지만을 강조하여 명상을 정의하는 것은 바람직하지 않다. 기도와 예배도 명상이고, 기독교의 영적 독서Lectio Divina와 관상觀想기도도 명상이며, 불교의 선禪도, 사마타samatha와 위빠사나vipassana도 모두 명상이다.

또한 음악을 감상하는 것도 명상이고, 심리치료 이론을 머리의 수준에서 가슴의 수준으로 성찰하는 것도 명상이다. 땅을 밟고 걷는 것도, 숲속에서 바람소리와 새소리를 듣는 것도, 심지어는 설거지를 하는 것도 진지하게 의미를 추구하며 행한다면 다 명상이라고 할 수 있다.

이 책은 명상에 대한 나의 경험을 기반으로 하여 만든 가장 실제적인 명상 안내서라고 할 수 있다.

그러나 명상은 어디까지나 주관적인 경험이므로 나의 치유명상 5단계는 참고로 하고—다른 명상가들의 가르침도 마찬가지로—명상이 익숙해지면 당신 자신의 명상 스타일을 형성하여 호흡을 하듯이 매일 명상하는 것이 중요하다.

사과를 분석하고 연구하는 것도 중요하지만, 사과는 먹어보고 즐기는 것이 좀 더 본질적이다. 명상도 마찬가지이다. 명상은 사과를 먹어보는 것이다.

명상에 대한 이해

명상에 대한 이해

　명상을 처음 시작하는 사람을 위한 명상 1단계는 '명상이란 무엇인가' 하는, 즉 명상에 대한 이해부터 시작하는 것이 좋다.

　사람들이 옛날부터 명상이란 이름 아래 무엇을 해 왔나 하는 것을 살펴보고, 또 현대인들은 명상을 어떻게 이해하고 있고, 어떤 내용을 어떻게 수련하고 있는가 등을 살펴보는 것은 자신의 명상 수행에 분명한 길을 보여줄 수 있기 때문이다.

　명상에 대한 분명한 이해를 가지고 명상을 수련하는 것과 명상에 대한 기본적인 이해가 없이 막연히 명상을 해보는 것은 그 성취에 있어서 차이가 매우 크다. 세상에서 제일 쉬운 것이 명상이라고 흔히들 말한다. 어떤 면에서는 맞는 말이다. 그저 앉아서 눈을 감고 호흡을 깊게 하면서 마음의 안정을 찾는 것이 명상이라면 세상에 이보다 쉬운 일은 없기 때문이다.

　그러나 명상은 동시에 세상에서 제일 어려운 일일 수도 있다. 왜냐하면 명상을 꾸준히 수련하는 것은 정말 어렵기 때문이다. 이는 명상에 호기심을 가지고 쉽게 시작하지만 명상을 오래 실천하는 사람은 그렇게 많지 않은 이유이다.

더구나 창조와 성장 그리고 치유를 위한 명상은 더더욱 어렵다. 왜냐하면, 창조, 성장, 치유를 위한 명상을 수련하기 위해서는 심리학, 심리학 중에서도 특히 자아초월심리학transpersonal psychology과 치유 원리를 어느 정도는 공부해야 하기 때문이다.

이 책에서는 그런 면을 핵심 위주로 다루려고 한다. 명상에 대한 전반적인 이해, 성장과 치유에 대한 이해, 심리학에 대한 일반적 이해, 인간관계와 영성 그리고 자기에 대한 탐구 등을 주로 다루려고 한다. 여기서 내가 다루는 것들은 나의 경험과 체험을 바탕으로 하여 쓴 것이기 때문에 신뢰할만한 것이기는 하지만, 충분히 공부한 후에는 자기 자신의 명상 스타일을 정립하는 것이 중요하다는 사실을 기억하기 바란다.

I. 명상의 정의

'명상은 이런 것이다' 하고 명상을 정의한 내용들은 너무나 많다. 많은 명상가들이 자신의 경험에 따라 나름대로 명상을 설명하고 있다. 그중에서 내가 중요하다고 생각하는 명상에 대한 정의 몇 가지를 소개한다.

1

하워드 클라인벨Howard Clinebell이라는 미국의 기독교 상담심리학자는 명상을 다음과 같이 설명하고 있다.

> 명상은 자신의 의식을 침묵하게 하여 중심으로 모으는 방법이며, 또한 심리학적으로 명백하고 흐트러짐이 없는 공간 속으로 들어가게 하는 방법이다

클라인벨이 내린 명상의 정의에는 세 가지 요소가 들어 있다. 첫째는 의식(마음)을 침묵하게 하는 것이며, 둘째는 의식을 중심으로 모으는 것이고, 셋째는 명백하고 흐트러짐이 없는 마음의 공간을 형성하는 것이다.

클라인벨의 명상에 대한 정의는 매우 정확하고 명확하다. 바쁜 마음을 내려놓고 의식을 집중함으로 쉼을 얻고, 마음의 고요를

이룰 수 있으며, 긴장으로부터 벗어나 이완을 경험할 수 있다. 바쁜 마음을 내려놓고 의식을 집중하여 흔들리지 않는 마음의 공간을 마련하면 고요를 경험하게 되고, 그 고요 속에서 내면에서 들려오는 어떤 소리를 듣게 된다.

이스라엘의 현자나 예언자들은 모두 광야 혹은 사막으로 나갔다. 왜 사막으로 나갔던 것일까? 사막은 먹을 것도 마실 것도 없다. 문명의 혜택을 받을 것도 없다. 삶에 필요한 모든 것이 결핍되어 있다. 그들이 사막에서 할 수 있는 일이라곤 침묵하여 내면의 소리에 귀를 기울일 수밖에 없었을 것이다.

히브리어로는 사막을 미드바르midbar라고 한다. 미드바르는 '말씀을 듣는다'라는 뜻이다. 그들은 내면의 소리를 듣기 위하여 사막으로 나갔던 것이다. 사막은 진실로 내면의 소리를 들을 수 있는 좋은 환경의 장소이다.

고요의 침묵 속에서 들려오는 소리는 그 사람의 가치관과 욕구와 관심에 따라 다양하겠지만 침묵 속에서 들려오는 소리를 들은 후 인간은 대체로 다음과 같은 질문들을 하게 된다.

1) 나는 누구인가?
2) 나는 어디서 와서 또 어디로 가는가?
3) 나는 지금 바르게 살고 있는가?
4) 내가 지금 하고 있는 일들은 과연 의미와 가치가 있는가?
5) 내가 지금 옳다고 믿고 있는 신념은 과연 옳은 것인가?

6) 내 생각은 왜곡되거나 편견에 빠져 있는 것은 아닌가?

7) 신神은 과연 존재하는가?

8) 나는 나의 한계와 욕구를 넘어서서 초월적인 존재가 될 수 있을까?

9) 나는 무엇을 해야 하며 또 어떻게 살아야 할 것인가?

위의 질문들은 사실 영성적인 차원의 질문들이다.

영성을 주제로 하는 학술대회나 강연장에는 내면의 소리를 듣기 위하여 모여드는 사람들이 많이 있다. 이것은 극심한 경쟁과 복잡한 사회 구조 속에 살면서도 영성, 즉 내면의 소리에 목이 마른 사람들이 의외로 많다는 사실을 말해주는 것이다.

명상은 영성적인 주제들을 담는 그릇이기도 한 것이다.

언젠가 나의 아내가 항아리에 흙과 모래와 조그마한 자갈들을 넣고 뒤흔들어 섞은 다음 수련을 넣었다. 내가 들여다보니 뿌연 흙탕물이어서 항아리 안에 뭐가 들어있는지 전혀 보이지 않았다. 갑갑했다. 그런데 다음 날 보니 불순물들이 다 가라앉아서 물이 투명하게 맑아져 있었다. 항아리 안에 있는 모래와 자갈들이 선명하게 보였다. 가슴이 다 시원하게 탁 트였다. 마음이 얼마나 상쾌하게 맑아졌는지 모른다. 나는 순간, '아, 클라인벨이 명상에 대해 설명한 것이 바로 이런 것이구나' 하는 깨달음이 왔다.

명상은 바로 이런 것이다. 바쁘고, 번잡하고, 욕구 등으로 뒤범벅이 된 마음을 잠시 내려놓고, 의식을 중심으로 모아서, 맑고 흐

트러짐이 없는 마음의 공간을 만드는 것이다. 흐트러짐이 없는, 맑은 마음의 공간에서 나와 세상을 바라보는 것이다. 그리고 내가 옳다고 믿고 있는 나의 신념조차도 다시 한번 살펴보는 것이다.

2

블루마운틴 명상센터를 설립한 에크나트 이스와란은 명상에 대해 다음과 같이 말한다.

명상은 초자연적인 능력이나 초과학적인 힘과는 무관하다. 명상이란 마음을 비우는 것을 의미하지도 않는다. 또한 최면이나 암

시상태에 빠지는 것도 아니다. 명상은 우리 마음의 잠재력을 최대한도로 이끌어내고 응축해내기 위한 기술이라고 할 수 있다. 명상은 마음의 훈련, 특히 집중력과 의지력의 훈련이라고 할 수 있으며, 그런 훈련을 통해서 우리는 의식의 표면으로부터 저 깊은 마음의 심층까지 여행할 수 있게 된다.

명상에서는 일반적으로 마음을 비우는 것을 중요하게 생각하고 있는데, 이스와란은 마음을 비우는 훈련을 명상의 중요한 요소로 여기고 있지 않다. 그는 명상을 통해서 잠재력을 개발하고, 집중력과 의지력을 훈련할 수 있다고 강조하고 있다. 불교나 힌두교 등 동양의 전통에서는 마음을 고도로 집중하면, 마음을 텅 비워 무념무상의 상태인 선정禪定에 이르게 된다고 가르치고 있는 데 반하여, 이스와란은 마음을 집중하면 잠재력을 크게 키울 수 있다고 강조하고 있다. 명상에 대해 서로 상반되는 주장을 하는 경우가 가끔 있는데, 이때 어느 주장은 맞고 어느 주장은 틀리다고 말할 필요는 없다. 명상에 대한 생각이 서로 다른 부분이 있을 뿐이다.

이스와란의 명상에 대한 이해는 '마인드 컨트롤'과 맥을 같이 한다고도 할 수 있다. 『뇌내혁명』이란 책으로 유명해진 하루야마 시게오는 "긍정적이고 즐거운 상상은 모두 명상이다"라고 말하고 있다. 그만큼 오늘날의 명상에 대한 이해의 폭은 넓다.

3

나는 이전에 쓴 『치유명상』에서 이미 소개한 적이 있지만, 나는 오랜 명상 경험을 통하여 명상을 다음과 같이 이해하고 있다.

명상은 기적이나 초자연적인 현상을 만들어내는 신비한 어떤 것이 아니다. 명상은 바쁜 마음을 내려놓고 마음을 집중하여 고요히 생각하는 것이며, 깊이 생각하는 것이며, 마음을 비우고 사물을 바라보는 것이다. 그러면서 자기 자신을 온전히 알아가는 것이며, 성장과 치유를 경험하고, 깨달음의 지혜를 얻으며, 마침내는 신의 마음과 눈으로 사물을 바라보는 것이다.

명상을 수련하는 사람 중에는 초자연적인 어떤 능력을 얻기 위하여 명상을 수련하는 사람들이 있다. 이런 사람들은 명상을 통하여 천리안, 타심통, 공중부양 등 초과학적인 능력을 얻으려고 하는데, 이런 것은 명상의 바른 태도도 아니고 바른 목적도 아니다.

내가 생각하는 명상의 특징들은 다음과 같은 것들이다.

첫째, 명상은 먼저 바쁘고 번잡한 생각을 잠시 멈추고 마음과 몸을 쉬는 것이다. 그럼으로 이완과 고요를 경험한다. 요즘 사람들이 즐겨하는 '멍 때리기'와 비슷한 것이라 할 수 있다. 그러나 명상은 멍 때리기에서 한 발 더 나아간다. 멍 때리기는 이완을 위한 하나의 좋은 방법이기는 하나 짧은 시간에만 한정된다. 인간의 마음은 마치 원숭이 같아서 잠시도 한곳에 머물러 있지 못한다. 그래서 좀 더 완전한 쉼과 이완을 위해서 그리고 좀 더 온전한 고요 속에 들어가기 위하여 우리는 의식을 집중할만한 어떤 대상이 필요하다. 가장 중요한 의식의 집중 대상은 호흡이다. 호흡 외에도 명상음악 듣기, 춤명상, 만트라 암송하기 등도 중요한 대상이다.

둘째, 고요 속에서 자신의 생각, 신념, 신앙, 가치관, 인생관, 윤리관 등을 객관적으로 깊이 성찰하는 것이다. 우리는 모두 자신의 생각이나 신념이 옳다고 생각하고 있지만 우리의 생각이나 신념은 사실 그릇된 편견이나 선입견에 기초하고 있는 것이 너무나 많다. 우리는 우리가 좋아하고, 우리에게 익숙한 방식으로 생각하기를 좋아한다. 그래서 한 눈으로만 세상과 사물을 보고 있다는 사실을 잘 모르고 있다. 전체를 보는 통합적인 눈을 가지고 있지 못한 것이다. 명상에서 우리는 우리의 생각과 신념 등을 객관적으로, 깊게 성찰하여 바른 생각과 신념으로, 즉 생명지향적인 생각으로 바꾸는 작업을 한다. 요즘 인기 있는 마음챙김minfulness은 이런 작업을 위한 기본 훈련이라고 할 수 있다.

셋째, 명상은 자신의 마음을 바라보는 수련에서 한 걸음 더 나아가 자신의 실존을 성찰하는 것이다.

나는 누구인가? 나는 어디서 와서 어디로 가는가? 삶의 목적은 무엇이며 나는 어떻게 살아야 할 것인가? 신은 존재하는가? 우주는 무엇이며 나는 우주에서 어떤 존재인가? 삶은 무엇이며 죽음은 또 무엇인가? 등등의 문제를 성찰하는 것이다. 자신을 성찰할 때 실존적인 차원과 함께 자신의 심리·정서적인 문제도 살펴본다. 나의 현재의 성격, 심리·정서적 상태, 대인관계의 태도 등은 대부분 과거에 내가 겪은 경험에 뿌리를 두고 있다. 명상을 하면서 그 경험과 의미를 하나하나 구체적으로 살펴본다. 나의 열등감, 우울증, 편집증 그리고 내가 쓰고 있는 가면persona과 무의식 속에 도사리고 있는 그림자shadow 등도 살펴본다. 실존적인 차원과 함께 이런 심리·정서적인 차원까지를 정확하고 생생하게 살펴볼 때 우리는 우리 자신을 온전히 알아갈 수 있는 것이다.

명상에서 이런 과정을 거치면서 우리는 우리의 영성이 성장해 가는 것을 느낄 수 있는데, 하나의 놀라운 심리적 메커니즘은 영성이 성장하면 치유가 따라온다는 것이다. 명상에서 이 단계에 이르거나, 혹은 좀 더 깊은 차원으로 들어가면 우리는 우리 나름대로의 어떤 깨달음의 단계에 들어가고, 마침내는 신의 눈과 마음으로 세상과 사물을 관조하게 된다.

오직 흔들리지 않는 고요한 마음만 있을 뿐이다.

II. 명상의 자세와 장소

1

명상을 처음 시작할 때는 명상의 장소와 함께 명상의 자세가 중요하다.

명상하는 자세를 바로 잡고 명상을 하면, '아, 내가 지금 명상을 하고 있구나' 하는 의식이 들어서 명상을 집중적으로 그리고 효과적으로 할 수 있게 된다. 명상을 할 때 바닥에 앉아서 해도 좋고, 의자에 앉아서 해도 좋고, 누워서 해도 좋다. 그러나 처음 명상을 할 때는 되도록 바닥에 앉아서 명상할 것을 권한다. 바닥에 앉아서 할 때는 결가부좌 혹은 반가부좌가 좋다.

결가부좌는 왼쪽 발은 오른쪽 넓적다리 위에 놓고, 오른쪽 발은 왼쪽 넓적다리 위에 놓고 앉아서 오른쪽 손등을 왼쪽 손바닥 위에 놓고 모아서 아랫배에 살짝 가져다 놓는다. 혹은 손바닥을 위로 향해 무릎 위에 놓아도 된다. 이 자세를 흔히 다이아몬드 자세라고 부른다. 그만큼 안정된 자세인 것이다. 무릎이 안 좋거나 신체 구조상 결가부좌가 어려운 사람은 반가부좌를 해도 괜찮다. 반가부좌는 우리가 흔히 앉는 양반다리라고 이해하면 된다.

바닥에 앉을 형편이 안 되면 의자에 앉아서 해도 된다. 바닥에 앉든 의자에 앉든 명상을 할 때는 허리를 똑바로 세우고, 어깨와 목에 힘을 빼고 몸을 이완시킨 다음 얼굴에 살짝 미소를 띠고서

숨SOUM (사진 ⓒ정수지)

혀를 윗니 뒤쪽 입천장에 가볍게 갖다 댄다.

누워서 하는 명상은 주로 이완을 목적으로 하는 명상일 때 할 수 있지만, 일반 명상일 때는 명상이 아주 숙달됐을 때나 가끔 하는 것이 좋다.

2

명상의 장소는 명상이 익숙해진 다음에는 어느 곳이든 괜찮다. 예를 들면, 지하철이나 복잡하고 시끄러운 시장 바닥도 괜찮다. 그러나 명상을 처음 시작할 때는 되도록 자신만의 조용한 공간이 좋다. 그리고 휴일이나 시간을 낼 수 있는 날이면 반드시 자연과 접할 수 있는 공간을 찾아서 명상을 하는 것이 바람직하다.

그 이유는 인간이 의식하기만 하면 자연이 인간에게 주는 기운이 엄청나기 때문이다. 아름답고, 신비하고, 장엄한 자연환경은 우리의 내면에 보이지 않고 존재하고 있는 영성에 스위치를 켠다. 그것은 우리를 감탄하게 만들고, 경외감을 일깨우며(awe-awakening), 때로는 감정을 주체하기 어렵게 눈물을 흘리도록 만들기도 한다. 자연의 경이로움에 대하여 경외awe하면서부터 인간의 마음이 열리고 영성spirituality이 성장하게 된다.

신비하고 고요하며 아름다운 자연은 초월 욕구가 있는 인간의 상부 무의식을 건드리는데 이것은 명상을 위한 아주 좋은 환경이다. 몇몇 장소를 예로 들어보겠다.

1) 바람소리, 새소리, 졸졸졸 흐르는 시냇물 소리가 들리는 계곡

2) 고요하고 아름다운 호숫가, 평화로운 산꼭대기

3) 철썩이는 파도소리가 들리는 바닷가

4) 나무 사이로 밝게 비치는 달빛이 보이는 곳

5) 한적하고 인적이 드문 산속

6) 종교가 있는 사람이라면 촛불이 켜져 있는 제단

7) 상상의 신성한 곳(sacred place)

상상의 신비한 곳은 실제가 아닌 상상 속에서 가서 앉아 명상하는 곳을 말한다. 내가 명상할 때 상상 속에서 찾아가 명상하는 몇몇 장소를 소개해 보겠다.

첫 번째 장소는 높은 나무들이 하늘 높이 쭉쭉 솟아 있고, 나무 사이사이로 아름다운 이름 모를 꽃들이 가득 피어 있는 깊은 숲속이다. 나뭇가지 위에서 온갖 새들이 노래하고 있고, 벌과 나비들이 윙윙거리며 이 꽃에서 저 꽃으로 옮겨 다니고 있다. 숲속 한가운데에 조그만 시냇물이 흐르고 있다. 나는 시냇가 옆 바위 위에 앉아서 새소리와 벌 소리를 들으며, 흘러가는 시냇물을 바라보며 명상하고 있다. 마음이 평화로워지며 살아 있는 모든 것을 사랑해야겠다는 생각으로 가득 찬다.

두 번째 장소는 커다란 바위산 꼭대기에서 수직으로 한참을 내려간 곳에 있는 좁은 바위 동굴이다. 눈앞에 조그만 촛불 하나 켜놓고 바위 위에 앉아서 명상하고 있다. 나는 수직으로 뚫린 이

조그만 바위 동굴 안에서 영영 빠져나갈 수 없다는 상황을 설정하고 절망과 두려움과 고독을 처절하게 경험한다. 얼마의 시간이 흐른 후 깊은 심호흡을 하면서 눈을 살짝 뜬다. 나는 여전히 방안에 앉아 있고, 거실에서 아내가 차 끓이는 소리가 들린다.

모든 게 귀하고 감사하다. 사랑하고 살기에도 시간이 부족하다. 미워하고 원망할 시간이 없다.

세 번째 장소는 넓고 넓은 바다 한가운데에 수면 위로 약간 솟아나와 있는 한 평 정도의 바위이다. 보이는 것이라곤 끝없이 펼쳐진 수평선과 바위 주위에서 철썩이며 부딪쳤다 사라지는 파도뿐이다. 언제 파도에 휩쓸려 바다에 빠질지도 모른다는 두려움과 주위에 아무도 없다는 외로움에 몸과 마음이 마비되는 것을 느낀다.

이 두려움은 무엇이며 이 외로움은 또 무엇인가 하는 의문을 깊이, 깊이 들여다본다. 어느 순간 끝없이 펼쳐져 있는 수평선도, 사납게 출렁이던 파도도 보이지 않고, 몸과 마음을 마비시키던 두려움과 외로움도 사라져 버린다. 오로지 깊은 고요 속에 앉아서 마음의 평화를 느끼고 있을 뿐이다.

'아, 마음의 평화… 나는 자유로운 영혼….'

네 번째 장소는 블랙홀이 보이는 조그만 투명 우주선이다. 시커먼 구멍의 블랙홀이 주위의 가스 덩어리를 무서운 속도로 빨아들이고 있다. 나는 조그맣지만 안전한 투명 우주선에 앉아서 블랙홀이 거대한 가스 덩어리와 함께 주위의 모든 물체를 집어삼키는 광경을 보고 있다. 블랙홀은 중력이 너무나 강해서 그 속에 빠지면 빛도 빠져나오지 못한다고 한다. 신비하고도 무서운 우주의 현상이다.

스티븐 호킹은 블랙홀이 빛마저도 삼켜버리는 무시무시한 존재지만 동시에 무궁무진한 에너지를 방출한다고 하면서, 블랙홀이 충분히 크고 회전하고 있다면 또 다른 우주로 나가는 통로가 있을 것이라고 한다. 약 138억 년 전에 빅뱅Big Bang이라는 어마어마한 대폭발로 우주가 시작되었다는 이론, 또 다른 우주가 존재할지도 모른다는 다중우주론 내지는 평행우주론, 양자역학, 초공간hyperspace 등, 보통 사람들은 상상하기조차 어려운 이론들을 현대 물리학자들과 천문학자들은 주장하고 있다.

나는 투명 우주선에서 블랙홀을 바라보며 이런 이론들을 살펴보고 있다. 이런 이론들은 과거의 명상가들은 바라보지 못했을 것이다. 그 어떤 명상가도, 붓다조차도 그랬을 것이다. 명상도 발전하고 진화해야 한다. 적어도 우리가 바라보는 대상에서는 더욱 그렇다. 나는 우주의 신비에 무한한 호기심을 가지고 전율하면서 고요 속에 앉아 있다.

다섯 번째 장소는 깊은 숲속의 한 공터에 있는 현자들의 샘터이다. 이 조그만 옹달샘 옆에는 기다란 벤치가 하나 놓여 있다. 샘 밑에서는 샘물이 계속 퐁퐁 솟아오르고 있고, 맑게 고인 샘물은 물줄기를 이루어 흘러내려가고 있다.

수많은 현자들이 들판과 초원을 지나서 어둡고 깊은 숲속을 가로질러 이 샘에 와서 지친 몸으로 벤치에 앉아 오랜 시간을 샘물을 바라보며, 또 졸졸졸 흘러내려가는 물소리를 들으며 명상을 하다가곤 했다. 나는 그 벤치에 앉아 퐁퐁퐁 솟아오르는 샘물을 바라보며, 끊임없이 졸졸졸 흘러내려가는 물소리를 들으며 명상하고 있다.

나는 깊고 깊은 고요 속에 머문다. 나는 문득 까마득한 태초에 내가 거기 있었음을 바라본다.

III. 명상의 두 축

명상은 여러 갈래의 전통과 흐름이 있다.

종교와 구도자 차원의 명상이 있고, 치료와 치유적 차원의 명상이 있으며, 생활 명상이라고 할 수 있는 실용적 차원의 명상이 있다. 종교와 구도자 차원의 명상에서는 '나는 누구인가', '나는 어디서 와서 어디로 가는가', '나는 지금 어디로 가고 있으며 어디쯤 가고 있는가', '신神은 존재하는가', '우주는 의식을 가지고 있는가'(cosmic consciousness), '진리란 무엇인가' 그리고 삶과 죽음, 해탈과 구원의 문제 등을 주로 바라보고 탐구한다.

요즘은 명상과 관련해서는 종교라는 말보다도 영성이라는 말을 선호하는 경향이 있다. 소위 'SBNR'(spiritual, but not religious) 운동이 그것이다.

"나는 영성적이지 종교적이 아니다"라는 말은 매우 의미가 깊은 말이다. 이전에는 종교라는 말 속에는 영성, 신비, 예식, 교리 등이 함께 혼재해 있었고, 종교 지도자는 우상화되고 그의 가르침은 신화神話화 되었다. SBNR 운동에서는 이런 신화적 요소는 빼고 순수하게 자아를 초월하는 영성과 진리만을 추구하자고 한다. 이 말이 무슨 말인지 언뜻 잘 이해가 가지 않을지 모른다. 붓다의 다음의 예가 종교와 영성의 차이를 잘 설명해 주는 하나의 예가 될 것이다.

어느 날, 붓다의 명성을 듣고 한 사내가 붓다를 찾아왔다.

그가 붓다에게 물었다.

"당신은 천사나 신령입니까?"

붓다가 대답했다.

"아니오."

"그러면 신입니까?"

"아니오."

"신도 아니라면, 그러면 당신은 그냥 인간입니까?"

"아니오."

"그러면 당신은 누구입니까?"

붓다가 대답했다.

"나는 깨달은 사람입니다."

붓다를 찾아온 사람은 종교적인 자세로 질문을 했고, 붓다는 영성적 차원으로 대답을 했다. 이것은 기독교나 이슬람교, 그 외에 어떤 종교에서나 같은 양상을 띤다.

위대한 종교 지도자들은 깊은 영성적 깨달음의 내용을 가르치지만, 인간의 한계를 뛰어넘는 어떤 기적이나 신비한 성향을 갈망하는 대중들은 가르침의 내용을 점점 절대화하고 우상화하여 교리를 만들고, 마침내는 근본주의자가 되어 배타성을 띠는 경향이 있다. 종교인이라 할지라도 바르게 명상하는 사람은 종교의 예식이나 교리보다는 그 가르침의 영성적 내용에 관심을 둔다.

치료와 치유적 차원의 명상에서는, 명상이 어떻게 치유의 효과를 가져오는가 하는, 명상과 심신心身, psychosomatic의 관계를 주로 탐구한다.

치유적 차원의 명상은 하버드의과대학의 허버트 벤슨Herbert Benson과 매사추세츠 대학의 존 카밧진Jon Kabat-Zinn 교수를 중심으로 하는 명상파이다.

특히 존 카밧진 교수의 마음챙김 명상법은 우리나라뿐 아니라 전 세계적으로 널리 알려져 있는 명상법인데, 이 명상법은 그가 매사추세츠의과대학병원에서 1979년부터 10여 년간 스트레스 완화와 이완 프로그램(SR&RP: Stress Reduction and Relaxation Program)에 참여했던 4천 명의 환자를 대상으로 한 임상경험에 근거하여 1990년에 *Full Catastrophe Living*이라는 책에서 스트레스 감소훈련(MBSR: Mindfulness-Based Stress Reduction)을 소개한 이후로 유명해진 명상법이다. 마음챙김 명상은 매우 중요한 명상법이므로 다음 장에서 좀 더 자세하게 소개한다.

실용적 차원의 명상은 명상의 개념을 일상생활 전반으로 확장하여 실용적 유익성을 탐구한다. 예를 들면, 자기계발, 명상과 창의성 같은 주제도 이에 해당된다.

스티브 잡스Steve Jobs는 매일 적어도 2시간 이상의 명상을 했다고 하는데, 그가 주로 한 명상은 상상력 명상이다. 그는 자신의 전문성과 관련하여 끊임없이 상상하다 새로운 어떤 것을 창조해 낸다.

연구소나 연구단체들은 거의 예외 없이 모든 연구원들에게 R&D를 요구하고 강조한다. R&D는 연구research하고 개발develop하라는 것이다. 그러나 명상하는 전문인은 연구하고 개발하기 전에 먼저 상상imagination하라고 한다. 그래서 R&D를 넘어서 I&R&D로

가야 하는 것이다.

위에서 세 갈래의 명상을 살펴보았는데, 모든 명상에는 공통되는 두 개의 축이 있다. 하나는 사마타samatha이며, 다른 하나는 위빠사나vipassana인데, 이것은 붓다의 명상법이기도 하다.

불교에서는 사마타를 지止로, 위빠사나를 관觀으로 해석하고, 명상은 지와 관을 두 축으로 수련한다 하여 지관쌍수止觀雙修라고 한다. 지는 고요함(定)을 가져오고, 관은 지혜(慧)를 가져온다 하여 정혜쌍수定慧雙修라고도 한다.

1

사마타는 사티sati와 함께 지止, 집중, 몰입, 삼매, 마음챙김과 알아차림mindfulness의 내용을 가지고 있는 명상법이다. 사마타는 바쁘고 번잡하고 복잡한 마음을 잠시 내려놓고 고요한 마음을 이루어 쉼과 몸과 마음의 이완relaxation을 가져온다. 고요한 마음이 된다는 것은, 흙탕물을 담고 있는 병을 움직이지 않고 가만히 놓아두면 마침내 흙과 불순물은 밑으로 가라앉고 맑은 물만 남아 투명해지는 것과 같은 것이다.

바쁜 마음을 멈추고 고요한 마음을 이루기 위해서는 어떤 하나의 대상에 의식을 집중한다. 보통 호흡에 의식을 집중하여 들이쉬는 숨과 내쉬는 숨에 의식을 집중한다.

집중하는 대상은 호흡 외에도 얼마든지 다양하게 택할 수 있다. 예를 들어, 만트라를 하면서 하나의 단어나 구절에 집중하든지, 다도茶道를 하면서 차에 집중하든지, 꽃꽂이를 하면서 꽃에 집중하든지, 음악을 들으면서 음의 리듬이나 멜로디에 집중하든지, 혹은 흘러가는 강물을 계속 바라보든지 하는 것 등이다.

선명상禪瞑想의 간화선看話禪에서 화두話頭를 계속 끌어안고 바라보는 것도 마찬가지이다. 화두를 계속 바라보는 것은 어떤 깨달음을 얻으려고 하는 행위이긴 하지만, 화두를 계속 바라보는 그 행위 자체는 사마타, 즉 집중의 효과가 있는 것이다.

그러나 마음은 마치 원숭이와 같아서 하나의 대상에 집중하지 못하고 계속 이 생각 저 생각으로 옮겨 다닌다. 생각이 딴 곳으로 옮겨갔다는 사실을 알아차리면 즉시 그 생각을 중단하고 집중하고 있던 대상으로 돌아온다. 물론 이런 훈련은 쉽지 않다. 그러나 인내심을 가지고 꾸준히 훈련하면 하나의 대상에 마음을 집중하는 능력이 발달하게 된다. 마음을 완전히 하나의 대상에 집중하여 깊은 고요에 들어가면 이것을 선정禪定이라 부른다. 그냥 깊은 고요라고 불러도 된다.

마음에 깊은 고요를 이루면 다음과 같은 현상이 일어난다.

첫째, 마음의 평화와 함께 여유 있는 너그러운 마음과 긍정적인 마음이 형성된다. 조그마한 일에 마음을 끓이지 않게 된다. 짜증나는 일도 관조하며 바라보게 된다. 바다를 본 사람은 물에 대해 말하고 싶은 마음이 일어나지 않는 것과 비슷한 상황이라고 볼 수도 있다. 마음이 평화로워지면 짜증이나 스트레스 등의 부정적인

감정에서 벗어나게 되는데 이것은 곧 마음의 치유라고 볼 수 있는
것이다. 마음의 치유는 몸의 치유도 가져온다. 스트레스성 두통이
나 몸의 질병이 치유된다. 오늘날의 심리치료사나 의사들이 질병
에 대한 몸과 마음의 상관관계psychosomatic를 매우 중요하게 주목하
고 있는 이유이다.

　둘째, 잔잔한 행복감을 느끼게 된다. 강렬한 행복감pleasure이라
기보다는 은은한 행복감joy을 느끼게 된다.

셋째, 마음의 눈, 혹은 지혜의 눈이 생긴다. 자아초월심리학자인 켄 윌버Ken Wilber는 인간이 사물을 인지하는 데는 세 가지 통로가 있다고 했다.

첫 번째는 육체의 눈(eye of flesh)으로서 사물의 형체와 감각의 세계를 인지하는 눈이고, 두 번째는 마음의 눈(eye of mind) 혹은 지혜의 눈(eye of wisdom)으로서 상징과 개념과 언어 그리고 사물의 참 이치를 인지하는 눈이며, 세 번째는 정관의 눈(eye of contemplation)으로서 영적·초월적 세계를 인지하는 눈이다. 의식의 내면에 깊은 고요를 형성하면 지혜의 눈과 정관의 눈을 얻어서 그 눈으로 사물의 궁극적 실재의 본질을 알게 되는 깨달음을 얻게 된다. 그래서 지止 명상, 즉 사마타 명상은 관觀명상, 즉 위빠사나 명상의 토대가 된다고 할 수 있다. 명상을 진지하게 해 본 사람은 사실 지止에서 관觀으로, 관에서 지로 자연스럽게 연결되는 것을 경험하게 된다.

2

위빠사나는 붓다가 깨달음을 얻은 수행 방법이다. 그 뜻은 '모든 것, 혹은 여러 가지vi를 이해하고 꿰뚫어 본다passana'는 것이다. 위빠사나는 사물의 본질을 살펴보고 성찰하는 명상의 상징으로 사용될 수도 있어서 관觀, 알아차림awareness, '이 뭣꼬?' 등으로 표현하기도 한다.

그러면 무엇을 볼 것인가? 보는 대상은 삶과 죽음, 인생, 행복, 윤회, 해탈, 열반 그리고 기독교라면 부활, 영혼, 구원 등 무한하다.

예를 들어, '나'를 보자. 나는 누구인가? 나를 봄에 있어 에고ego는 절대적이다. 아프리카 어디에서 누가 죽었다면, '그래, 누가 죽었어?' 하고 끝나지만, 나의 부모나 자식이 죽었다면 그 슬픔이 매우 강하다. 왜 그런가? 바로 에고 때문이다. 모든 기쁨, 슬픔, 분노, 시기, 질투, 등 모든 것은 에고 때문이다. 그래서 인간의 탄생은 생명이 태어나는 것이 아니라 '나' 즉 에고가 태어난다고 하는 것이다. 나는 과연 누구이며 무엇인가?

위빠사나의 핵심적인 깨달음, 혹은 가르침은 무상無常, 고苦, 무아無我이다. 무상이란 무엇인가? 무상이란 이 세상에서 변하지 않는 것은 하나도 없다는 것이다. 이 세상의 모든 존재는 끊임없이 변화한다.

나의 몸을 살펴보자. 오늘의 나의 몸은 어제의 나의 몸이 아니며, 내일의 나의 몸은 오늘의 나의 몸이 아닐 것이다. 청년 시절의 튼튼하고 아름다웠던 나의 신체가 참 나의 몸인가? 칠십이 되어 노쇠한 나의 몸이 참 나의 몸인가? 나의 마음을 살펴보자. 지금 생각하고 있는 나의 마음은 어제의 나의 마음이 아니며, 내일의 나의 생각은 지금의 나의 생각이 아닐 것이다.

그렇다면 어느 것이 참 나의 마음이며 생각인가? 모든 물질과 정신은 순간순간 일어났다가 사라진다. 영원히 존재하는 실체는 없다. 이것이 무상無常이다. 물질과 정신은 일어났다가 사라진다.

몸도 마음도 일어났다가는 사라진다. 몸과 마음이 궁극적으로 사라지는 것이 죽음이다. 생노병사生老病死, 즉 태어나고, 늙고, 병들고 그리고 죽어가는 것을 속수무책으로 지켜볼 수밖에 없는 것이 괴로움(苦)이다. 지금 움직이는 나의 몸이 있고, 지금 생각하는 마음이 있어 지금 이순간의 자아는 존재하지만, 이 자아는 항상 변하고 있어서 영원한 자아는 없으니, 이것이 무아無我이고, 변해 가는 나의 몸과 마음을 내가 통제할 수 없으니 이 또한 무아인 것이다.

3

지와 관의 명상법은 기독교의 영성수련에서도 찾아볼 수 있다. 기독교의 전통적인 명상 형태로 관상기도(contemplative prayer)와 영적 독서(Lectio Divina)가 있는데, 여기서는 영적 독서에 대해 살펴본다.

영적 독서는 전통적으로 수도원에서 수도자들이 성경을 읽고 묵상해온 방법인데 요즘은 교회에서도 자주 행하는 성경 묵상법이다.

영적 독서는 네 부분으로 이루어져 있는데, 먼저 성경을 읽는 독서lectio, 다음에는 그 말씀을 가슴에 담고 새기는 묵상meditatio, 다음에는 기도oratio 그리고 하느님의 현존 안에서 평화롭게 머무는 관상contemplatio이다.

나는 영적 독서를 하면서 먼저 '예수기도'를 하기를 권장한다.

예수기도는 숨을 길게 들이쉬면서 속으로 '예수'라고 말하고, 숨을 길게 내쉬면서 '그리스도여'라고 말한다. 혹은 숨을 들이쉬면서 '예수 그리스도여'라고 말하고, 숨을 내쉬면서 '우리를 불쌍히 여기소서'라고 말하기도 한다. 처음에는 2분, 5분, 10분으로 시작하여 나중에는 시간에 구애받지 않고 하고 싶을 때까지 예수기도를 한다.

예수기도를 통해 마음 깊은 곳이 예수의 현존으로 가득 차게 되면, 두려움을 극복하고 마음의 평화를 느끼게 된다. 때로는 날개 치며 하늘 높이 솟아오르는 독수리의 기상을 느끼기도 하고, 또 때로는 비둘기 같은 온유함을 느끼기도 한다. 마하트마 간디는 이런 방식의 기도는 원자탄보다도 더 강한 힘이 있다고 말했다.

예수기도를 반복하여 말하는 것은 만트라의 효과가 있다. 만트라는 마음을 자유롭게 놓아버린다는 뜻이니, 집중하는 대상 이외에는 마음을 온전히 내려놓아서 고도의 집중과 고요함에 머물게 한다. 그런 다음 독서할(lectio) 성경을 들고 읽기 시작한다. 어떤 단어나 구절, 혹은 문장이 마음에 와 닿을 때까지 읽는다. 그리고 마음에 와닿는 어떤 문장이 있으면 읽기를 멈춘다. 그리고는 그 말씀을 마음에 품고 마치 소가 되새김을 하듯이 계속해서 그 말을 되뇌이면서 그 의미를 묵상한다(meditatio).

전통적인 방법은 마음에 새긴 말씀을 수동적으로 받아들여 내재화한다. 수동적으로 받아들여 흡수하는 형태에서는 비판적이거나, 왜라는 질문은 잘 하지 않는다. 그러나 나는 말씀을 묵상하면

서 성찰할 때 어떤 틀 안에 갇히지 말고 왜라고 물으면서 넓고 깊게 의미를 고찰하라고 권고한다. 좋은 말씀을 수동적으로 받아들여 자신의 의식 속으로 내재화하면, 성인聖人은 될 수 있을지 몰라도 깨달음을 얻기는 어려울 수도 있다.

복음서에서 예수는 "말씀을 듣고 깨달아라" 혹은 "항상 깨어 있으라"라는 말을 하긴 하지만 그 횟수가 매우 드물다. 그러나 나그함마디 문서에 속하는 〈빌립복음〉 79장 25-31절을 보면, 농사를 지어 추수를 하려면 토양과 물과 바람과 빛이라는 네 가지 기본 요소가 필요한 것처럼, 하느님의 농사에도 믿음, 소망, 사랑, 깨달음이라는 네 가지 요소가 있어야 한다고 하면서 다음과 같이 말한다.

믿음은 우리의 토양, 우리가 거기에 뿌리를 내리고;

소망은 물, 우리가 그것으로 양분을 얻고;

사랑은 공기, 우리가 그것으로 자라고;

깨달음은 빛, 우리가 그것으로 익게 된다.

이것을 보면, 예수는 믿음, 소망, 사랑과 함께 깨달음을 중요한 요소로 가르쳤으며, 예수의 제자들, 특히 빌립보는 그것을 기억하고 있음을 알 수 있다.

자아초월심리학자인 아싸지올리는 도교적인 무위자연無爲自然 타입의 사람이나, 기독교적인 '하느님의 뜻에 맡기는' 타입은 자기 성장의 프로그램을 만들기가 매우 힘들다고 말한다. 나는 무위자연 타입과 하느님의 뜻에 맡기는 타입은 마음을 살펴 깨달은 사람에게 적용되는 말이라고 생각한다.

이런저런 치료요법으로 치유된 사람도 깨달음의 바탕이 없으면 언제든지 다시 본능 수준의 변방으로 돌아올 수 있다. 깨달음은 왜라는 질문을 전제한다. 그래서 나는 말씀을 묵상할 때 어떤 틀 안에 갇히지 말고, 왜라는 의문을 가지고 넓고 깊게 의미를 고찰하라고 권고하는 것이다.

깨달음이 있으면 하느님께 말씀드리고 싶은 어떤 느낌이 일어난다. 그러면 그 느낌을 하느님께 말씀드리는 기도oratio를 하게 된다. 여기서 말하는 기도란 복을 바라는 기복적인 기도도 아니고, 맹목적으로 하는 의미 없는 중얼거림도 아니며, 강박적이고 형식적인 기도도 아니다. 깨달음 후에 하는 기도는, 하느님에 대한 무한한 사랑과 신뢰를 가지고 그와 대화하는 것이다. 깨달음 가운데 부족한 것이 있으면 그에게 묻고 그의 대답에 조용히 귀를 기울이는 것이다.

영적 독서의 마지막 단계는 관상의 상태에 머무는 것이다. 위의 과정을 거친 후 의미의 성찰과 그 성찰의 결과에 응답하는 기도가 단순화되면서 하느님의 현존 안에 평안히 머무는 텅 빈 충만의 상태로 옮겨가게 되는데, 이것이 관상contemplatio의 상태인 것이다.

성경을 읽고, 묵상하고, 기도하면서 깨달음을 얻고, 마음을 비우고 관상의 상태로 갈 수 있도록 꾸준히 노력하는 사람들은 틀림없이 영성이 깊어지고 성장하게 된다. 영성의 성장은 또한 치유를 가져온다는 사실을 꼭 기억해야 할 것이다.

IV. 마음챙김

1

마음챙김mindfulness은 팔리어인 사띠sati에서 유래한 말인데, 이 말은 '매 순간 순간의 집중과 알아차림awareness'이라는 말이다. 집중이라는 면에서는 사마타 명상이고, 알아차림이라는 면에서는 위빠사나 명상이다.

명상은 집중해서 마음의 고요를 이루고, 이 순간 일어나는 일을 알아차리고 또한 그 일을 바라보는 마음을 알아차리는 것이니, 명상은 결국 지止와 관觀이다. 그리고 지와 관은 명확히 구분되어지는 것이 아니라, 지 속에 관이, 관 속에 지가 겹쳐 있고, 지에서 관으로, 관에서 지로 서로 이동하는 것이다.

마음챙김이 전 세계적으로 유명하게 된 것은 매사추세츠 대학의 존 카밧진Jon Kabat-Zinn 교수 때문이다. 존 카밧진은 1979년부터 스트레스 감소를 위한 임상실험을 시작하여 1990년에 MBSR(Mindfulness-Based Stress Reduction)이란 프로그램을 소개하였는데, 그가 사용한 'mindfulness'는 위빠사나 명상의 'sati'를 번역한 것이었다. 그런데 이 말이 미국에서 한국으로 역수입되면서 '마음챙김'이라고 번역된 것이다.

심리학자들의 주장에 의하면, 우리는 보통 외부에서 일어나는 일이나 도전에 대하여 즉각적으로 반응reaction한다. 마치 자동항법

장치와 같다. 예를 들어, 나의 이론에 대하여 어떤 사람이 다른 의견을 말하거나 비판을 하면 즉각 방어를 하거나 변명을 한다. 때에 따라서는 말로 공격까지 가하기도 한다. 상대방이 왜 그런 비판을 하는지 생각하지 않는다. 특히 종교인이나 정치인에게 그런 성향이 강하다.

상담학자는 이런 경우에 즉각적으로 반응하지 말고, 상대방이 왜 그런 말을 하는지 약간의 시간적 거리를 두고 대응response하라고 말한다. 그가 왜 그런 말을 할까? 그의 말에도 일리가 있지는 않은가?

우리는 마음을 기반으로 하여 사물을 본다. 마음으로 꽃도 보고, 나무도 보고, 새도 보고, 뱀이나 쥐 같은 동물도 본다. 어떤 사건이나 사물을 볼 때 그것을 인지하는 마음과 함께 그에 따른 감정도 동시에 떠오른다. 꽃을 보고서 '꽃이구나' 하고 인지하면서 동시에 '예쁘다', '기분 좋다' 하는 감정이 일어난다. 그러나 꽃을 보고 왜 기분이 좋아지는지 그 마음은 잘 보지 않는다. 뱀을 보면, '뱀이구나' 하고 인지하면서 동시에 '징그럽다', '무섭다' 하는 감정이 일어난다. 그러나 뱀을 보고 왜 징그럽고 무서운지 그 마음은 잘 보지 않는다. 끼어드는 차를 보고 화가 나서 욕을 하고 경적을 울렸다고 하자. 그런데 끼어드는 차는 봤는데, 그로 인해 자신의 마음에 화가 일어났음을 보지는 못했고, 욕을 하고 경적을 울려대는 행동을 하고 있음을 깨닫지는 못했다.

마음챙김이란 그것을 보는 것이다. 또 다른 예를 하나 더 들면,

사람들은 보통 화장지를 뭉텅이로 쓰면서 그것을 깨닫지 못한다. 마음챙김이란 '아, 내가 화장지를 너무 낭비하고 있네' 하고 바라보고, 나아가서는 화장지 한 장에서 펄프를 보고, 나무를 보고, 그 나무를 심은 사람을 보고, 지구의 생태환경을 보고, 그러면서 어떤 깨달음을 얻는 것이다.

나는 최근에 각각 여덟 살과 여섯 살인 손자 둘을 태우고 자기 집으로 데려다준 적이 있다. 아이들은 곧 크리스마스가 되는데 산타 할아버지가 어떤 선물을 주실까 하고 이야기를 나누다가 차 안에서 싸우기 시작했다.

내가 말했다.

"너희들 그렇게 계속 싸우면 내가 산타 할아버지에게 너희들 선물 주지 말라고 할 거야."

둘째 아이가 말했다.

"할아버지가 산타 할아버지를 알아요?"

"알지."

"어떻게 알아요?"

"할아버지가 산타 할아버지와 친구거든."

"할아버지가 산타 할아버지와 친구라는 걸 어떻게 믿어요? 증명해 보세요."

둘째 아이는 끈질기게 내가 산타 할아버지와 친구라는 걸 증명해 보라고 떼를 썼다. 내가 이제 그만하자고 달랬지만 계속해서 증명해보라고 고집을 부렸다. 내가 언성을 좀 높이자 아이는 결국

울음을 터트렸다.

나는 아이들을 집으로 데려다준 후 곰곰이 생각해 보았다. '일이 왜 이렇게 이상하게 되었지? 아이가 오늘따라 왜 그렇게 고집을 부리고 나에게 공격적인 태도를 보였지?'

순간 나는 알아차렸다. 내가 아이들에게 "너희들 그렇게 계속 싸우면 내가 산타 할아버지에게 너희들 선물 주지 말라고 할 거야"라고 말한 것은 일종의 협박이었다. 둘째 아이는 정확하게 그 점을 지적하지는 못했지만, 나의 협박성 발언에 기분이 상했던 것이다. 나는 이렇게 말해야 했다. "너희들 그렇게 계속 싸우면 산타 할아버지가 싸우는 아이들에게 선물을 주실까?" 그러면 이야기의 방향이 전혀 다르게 흘러갈 수 있었을 것이다. 이런 것도 중요한 마음챙김 혹은 알아차림이다.

명상을 하면서 알아차림 훈련을 계속하면 우리는 조금씩 성장하여 성숙하게 될 것이고, 좀 더 진지한 문제들에 있어서도 깨달음을 얻어가게 될 것이다.

심리학자는 고통에 대하여 말할 때, 고통 = 1차 고통 + 2차 고통이라고 말한다. 1차 고통은 외부의 환경이나 사건에 의하여 우리가 받는 고통이고, 2차 고통은 그 환경이나 사건을 보는 우리의 마음 때문에 받는 고통이다.

불교의 〈잡아함경〉에 보면, "두 번째 화살은 맞지 말라"라는 말이 있다. 사람은 살면서 누구나 고통스런 사건을 겪는다. 이것이 첫 번째 화살이다. 두 번째 화살이란 이 고통을 놓고 괴로워하는 행위이다. 고통을 당했을 때 "나에게 왜 이런 일이 일어났단 말이냐"라고 땅을 치고 하늘을 원망하는 것이 그런 경우다.

첫 번째 화살이 외부에서 발생한 객관적인 현상이라면, 두 번째 화살은 그것을 자기 안으로 끌어들여 괴로워하는 주관적 작용이다. 요즘 서양에서는 심리치료사나 정신과 의사 등도 정신치료에서 불가피한 괴로움과 스스로 만드는 괴로움을 구별하여 스스로 만드는 괴로움을 줄이는데 중점을 두고 있다고 한다.

인간은 모두 다 두 개의 화살 때문에 괴로움을 겪고 있다. 첫 번째 화살은 인간이 어찌할 수 없으므로 맞을 수밖에 없겠지만, 두 번째 화살은 훈련으로 피할 수 있는데, 어떻게 두 번째 화살을 피할 수 있을까?

의사는 인지치료 등의 심리치료로 두 번째 화살을 피하는 방법을 훈련시키려고 한다. 그러나 인지치료만으로는 부족하다. 두 번째 화살을 피할 수 있는 좀 더 완벽한 방법은 명상의 마음챙김을 통하여 마음공부를 할 수밖에 없다.

2

마음집중 스트레스 완화(MBSR: Mindfulness-Based Stress Reduction) 프로그램은 앞에서도 간단히 언급한 것처럼 매사추세츠대학교 의과대학의 존 카밧진 교수가 개발한 8주간의 스트레스 완화와 이완 프로그램이다.

이 스트레스 완화 프로그램은 불교의 사띠sati 명상을 응용하여 만든 프로그램인데, 'sati'는 마음챙김/알아차림awareness과 마음집중mindfulness의 요소를 다 포함하고 있는 명상법이다.

'바디 스캔body scan'은 MBSR의 중요한 하나의 요소이다. 바디 스캔은 몸의 각 신체 부위를 그야말로 하나하나 새롭게 바라보고, 새롭게 알아채는 명상법이다. MBSR 프로그램에서는 바디 스캔을 대략 45분 정도로 하라고 권장한다. 그러나 사정에 따라 그보다 훨씬 짧게 혹은 훨씬 길게 해도 된다.

그러면 바디 스캔을 하는 이유는 뭔가? 바디 스캔을 하는 이유는 첫째는 몸의 각 신체 부위를 하나하나 바라보면서 마음을 집중하는 데에 있고, 둘째는 이제까지 알아차리지 못했던 신체 각 부위의 기능을 새롭게 알아차리는 데에 있다. 엄지발가락부터 시작하여 발바닥, 발등, 무릎 관절, 허벅지, 배, 등, 몸속의 장기들, 가슴, 어깨, 턱, 코, 눈, 이마, 머리 등을 생생하게 바라본다. 이것은 호흡명상과 함께 마음챙김을 위한 좋은 훈련이다.

45분 정도의 바디 스캔을 충실하게 하기만 하면 몸과 마음이 크게 이완되는 경험을 할 수 있다. 스트레스로 인한 가벼운 두통이나, 불쾌감을 주는 몸의 찌뿌둥한 상태도 많이 완화된다. 소위 말하는 '멍 때리기'를 훨씬 넘어선다.

바디스캔은 우리가 신체 각 부위의 모습과 기능에 대하여 새롭게 알아차릴 수 있는 기회도 제공한다. 나는 짧게는 5분, 길게는 2시간 정도 바디스캔을 한다. 바디스캔을 길게 할 때는 세포와 뇌

의 신경세포, 즉 뉴런neuron과 시냅스synapse까지도 생생하게 살펴본
다. 나의 생각과 감정들이 일어날 때마다 시냅스가 서로 연결하여
신경회로를 만들어내는 모습, NK-세포 등의 면역세포들이 암세
포와 전투를 벌이는 모습 등을 지켜보면 경이롭기조차 하다. 때로
는 신체 부위에게 말을 걸기도 한다. "나의 심장아, 너는 더러워진
피를 받아들여 정화시켜서 깨끗한 피로 만들어 나의 온 몸에 보내
느라 24시간 쉬지 않고 일하고 있구나. 그런데 나는 건강하지 못
한 식습관과 생활로 그런 너를 더욱 혹사시키고 있구나. 고맙다 그
리고 미안하다…."

간화선에서 화두를 잡고 계속 바라보고 있는 것이나, 다도茶道
를 하면서 차를 끓이고, 차를 따르고, 차를 마시는 것을 계속 바라
보고 있는 것이나, 명상음악을 들으면서 음과 함께 계속 흘러가는
것도 집중명상의 기능이 있다.

V. 명상의 효과

운동이 신체의 근육훈련이라면 명상은 마음의 근육운동이라고 할 수 있다.

사마타 명상으로 바쁜 마음을 내려놓고 고요 속으로 들어가면, 좌뇌left brain는 쉬고 우뇌right brain는 활성화 되는데, 이때 우주적 에너지의 통로가 열리고 창의성이 활발해질 뿐만 아니라, 마음이 안정되어 평화와 잔잔하고 섬세한 행복감joy이 우리의 감정에 스며든다.

많은 명상가들과 심리학자들이 명상의 효과에 대하여 설명했지만, 아래에 소개하는 명상의 효과들은 내가 직접 경험하고 확인한 것들만 열거한 것이다.

1. 명상은 정서를 안정시키고 EQ를 강화한다

명상은 마음을 안정시키는 훈련이다. 이것은 혼탁한 물을 담고 있는 병과 같다. 혼탁한 물이 담겨 있는 병은 불순물 때문에 맑고 깨끗하게 보이지 않지만, 병을 몇 시간 가만히 놓아두면 불순물이 가라앉아 맑고 깨끗한 물이 보인다.

명상을 하면 마음의 불순물이라고 할 수 있는 짜증, 불만, 질투, 우울, 분노, 불안, 두려움 등이 의식의 밑바닥으로 가라앉아 마음이 평온해진다. 그리고 섬세한 행복감을 느끼게 된다. 생명 있는 모든 존재에 대하여 연민을 느끼고 의사소통하고 싶어진다. EQ가 높아진 것이다. 마음의 본래 모습은 이런 요소들을 가지고 있다.

2. 명상은 궁극적인 행복감을 가져온다

많은 심리학자들이 주장한 행복에 관한 요소들의 공통적인 부분은 다음의 일곱 가지로 정리된다. ① 다른 사람과 비교하지 않아야 한다. ② 사랑하는 사람이 있어야 한다. ③ 좋아하는 일이 있어야 한다. ④ 다른 사람들에게 인정을 받아야 한다. ⑤ 돈과 출세 등, 욕구가 충족되어야 한다. ⑥ 건강해야 한다. ⑦ 자연으로부터 기쁨을 느낄 수 있어야 한다.

이들 행복의 요소들은 대부분 외부로부터의 요인이다. 그러나 명상은 행복의 중요한 요인을 내면으로부터 찾는다. 희랍의 스토아학파는 '행복은 외부의 환경에 있는 것이 아니라 내면의 마음에 있다'고 했다.

긍정심리학의 창시자인 마틴 셀리그만Martin Seligman은 행복은 긍정적인 마음에 크게 달려있다고 주장했다. 긍정적인 마음을 가질 수 있도록 훈련하는 가장 좋은 도구는 명상이다. 외부로부터의 행복의 요인도 물론 중요하다. 그러나 외부의 요인은 언제 빼앗길지 모른다. 돈과 명예와 권력을 가졌던 사람들이 한순간에 그것들을 잃어버리고 심한 좌절과 고통을 겪으면서 불행해지는 것을 우리는 자주 보아왔다. 명상은 행복의 요인을 내면의 마음에서 발견하기 때문에 잃어버리거나 빼앗기지 않는다. 그러므로 명상에서 얻는 행복은 궁극적인 행복이라고 할 수 있는 것이다.

다른 많은 명상가들도 하는 방법이긴 하지만, 내가 명상 중에 특별히 하는 행복을 위한 마음수련을 소개한다.

첫째, 살아 있는 동물과 식물 그리고 생명이 없는 무생물까지 모든 존재에 대한 경외감을 일으켜(awe-awakening) 감탄하는 훈련을 한다.

나는 아파트의 1층에 산다. 아파트의 1층에는 조그만 정원이 딸려 있다. 아내는 정원에 아주 조그만 꽃들을 심어놓았다. 나는 아침에 일어나면 그 꽃들에게 말을 건다. 그러면 꽃들도 나에게 대답을 한다. 나는 꽃들과 소통하면서 경외감을 느낀다. 조그만 꽃들이지만 색깔이 다 다르다. 어떻게 같은 흙에서, 같은 자양분으로 자라난 꽃들이 저렇게 다 색깔이 다를까? 신비하다. 정원에는 돌그릇이 하나 놓여 있는데 새들이 와서 돌그릇에 담겨 있는 물을 마시고 간다. 참새와 까치 그리고 이름 모를 예쁜 새들이 와서 물을 마시고 간다. 나는 그들에게도 말을 걸고 소통을 한다.

산책하거나 여행할 때도 만나는 모든 존재와 소통을 시도해 본다. 그러면 그들은 나에게 생명으로 다가온다. 경외감을 느끼면서 잔잔한 행복감이 스며든다. 영화를 보거나, 야구장에 가서 야구 경기를 보거나, 가수들의 콘서트에 가서 느끼는 열광과 환희pleasure 와는 또 다른 즐거움joy을 느끼는 것이다.

둘째, 나의 마음의 스크린에 과거의 행복한 경험을 회상하거

나 미래에 성취한 기쁨을 불러온다. 나는 척추 신경의 문제로 나이가 들면서 걸음을 잘 걷지 못한다. 삶의 질이 많이 떨어졌다. 그래서 가끔은 우울한 기분이 들 때가 있다. 그러면 과거의 행복했던 경험을 불러와 이 순간의 사건으로 재생시킨다. 모두가 다 단풍 구경을 간다고 할 때, 나는 옛날에 갔던 내장산이나 속리산의 아름다운 단풍을 떠올린다. 아내가 친구들과 함께 멀리 여행을 떠나면,

나는 나이아가라 폭포 근처의 그 아름답고 신비한 호수와 호수 주위의 나무들과 호수 위의 새들을 떠올린다. 다람쥐 쳇바퀴 돌 듯하는 일상의 단조로움에 삶이 생기를 잃어 가면, 신혼 때 아내와의 즐거웠던 시절을 떠올리고, 어린 딸의 손을 잡고 토론토의 재래시장을 휘젓고 다니던 일도 떠올리며, 어린 손자를 유모차에 싣고 공원에서 거닐던 모습도 떠올린다.

우울하던 기분이 사라지고 명랑한 기분이 일어난다. 때로는 내가 바라던 일이 성취되는 미래의 모습도 떠올린다. 우리의 뇌는 현실과 상상을 잘 구분하지 못하므로 바라던 바가 성취되는 상상만으로도 즐거워진다. 이런 상상을 자주 하면 실제로 바라던 일이 이루어지기도 한다. 피그말리온pygmalion 효과이다.

셋째, 자유가 박탈된 최악의 고통스러운 상황을 상상해 보고 현실로 돌아와 고통으로부터의 자유를 즐긴다. 아우슈비츠 등의 유태인 수용소에 감금되어 있다는 상상을 해본다. 온갖 폭력과 모욕 그리고 굶주림에 시달리다 어느 날 가스실에서 비참한 최후를 겪는다. 탈출할 가능성도 전혀 없고, 아무런 희망도 없다. 좌절과 두려움과 고통뿐이다.

현실로 돌아온다. 집 밖에서 조잘대며 떠드는 아이들 소리가 들리고 버스의 빵빵거리는 경적소리도 들린다. 방안의 공기마저 자유의 공기처럼 느껴져 새롭고 고맙다. 가슴앓이 하던 문제들이 하찮은 문제로 작아지면서 잔잔한 행복감이 가슴 속으로 스며든다.

넷째, 아침에 일어나 눈을 뜸에 감사하고, 숨 쉴 수 있음에 감사하고, 보고 들을 수 있음에 감사하고, 걸을 수 있음에 감사한다. 모든 일에 감사한다. 보지도, 듣지도, 말도 못하는 장애인이었던 헬렌 켈러는 1933년에 "만일 내가 사흘 동안만 볼 수 있다면" (Three Days to See)이란 수필을 발표했다. 헬렌의 글은 당시 경제 대공황의 후유증에 시달리던 미국인들에게 큰 위로와 용기를 주었다고 한다. 헬렌은 단 며칠만이라도 보고 들을 수만 있다면, 숲에 가서 꽃과 나무도 보고, 새소리도 듣고, 낮과 밤이 바뀌는 장관도 보고, 출근하느라고 바쁘게 움직이는 사람들도 보고, 밤에는 불빛이 환한 쇼윈도우에 진열된 상품들도 보고 싶다고 했다. 그리고는 다시 영원한 암흑으로 되돌아가도 행복하겠다고 했다. 그리고 그녀는 사람들에게 다음과 같은 말을 남겼다.

> 내일이면 귀가 안 들릴 사람처럼 새들의 노랫소리를 들어보세요. 내일이면 냄새를 맡을 수 없는 사람처럼 꽃향기를 맡아보세요. 그리고 내일이면 더 이상 살 수 없는 사람처럼 세상을 살아보세요.

나는 명상을 하면서 감사하는 마음을 훈련한다. 걷고, 보고, 듣고 하는 것이 사실은 다 기적이다. 아픔까지도 사랑하고 감사하는 마음을 품어본다.

다섯째, 사랑의 친절명상loving-kindness meditation이라고도 불리는

자비심 명상을 한다. 나는 명상 중에 나 자신을 꼭 껴안으면서 나
자신에게 말한다. "나의 마음이 사랑으로 가득하기를… 나의 마음
이 평화와 평안으로 충만하기를…." 그리고 아내와 가족 그리고 사
랑하는 사람을 명상 중에 포옹하고서 그에게 말한다. "나는 당신을
사랑합니다. 나는 당신이 고통에서 벗어나고, 번민에서 벗어나서
행복하기를 바랍니다. 당신이 진실로 행복하기를, 행복하기를…."

그리고는 내가 모르는 어떤 사람에게도 똑같이 행복을 빌어준
다. 이런 사랑의 친절명상을 하면 입가에 살짝 미소가 번지면서 잔
잔한 행복감이 물감처럼 나의 가슴에 퍼져간다. 우리가 마음을 열
어 이 다섯 가지만 훈련해도 우리는 참으로 행복한 사람이 될 수
있다. 돈도 들지 않는다. 명상 중에 그저 마음을 열어 훈련하기만
하면 된다.

3. 명상은 자존감을 높여 준다

내가 명상을 하면서 정말 고맙게 여기는 것 중에 하나는 명상
이 나의 자존감을 높여 줬다는 것이다. 자존심pride과 자존감self-es-
teem, or self-respect은 일상생활에서는 거의 같은 뜻으로 쓰이지만, '높
은 자존감' 혹은 '낮은 자존감' 등의 형용사가 붙으면 뜻이 매우 달
라진다. 자존심 혹은 자부심은 항상 다른 사람과 비교하는 데서 나
오는 감정이기 때문에 다른 사람과 비교해서 자신이 좀 나으면 우
쭐하는 우월감이 생기고, 다른 사람보다 못하다고 여겨지면 열등

감이 생겨 위축된다. 그러나 자존감은 자신의 존재를 있는 그대로 존중하는 것이기에 다른 사람과 비교하지 않고 다른 사람에 의해 좌우되지도 않는다.

존중한다는 말은 영어로 'respect'인데, 이 말은 라틴어 'res-pieere'에서 유래됐다고 한다. 그리고 그 뜻은 '있는 그대로 본다'이다. 자존감이 높은 사람은 자신이든 다른 사람이든 있는 그대로 본다. 키가 크면 큰대로 좋고, 키가 작으면 작은 대로 좋다. 돈이 많으면 많은 대로 좋고, 돈이 적어도 적은대로 괜찮다. 물론 절대 빈곤은 딴 문제이다.

어떤 젊은 부부가 열심히 돈을 모아서 모닝 차를 한 대 샀다. 다른 사람들이 주말이면 자가용으로 주말 나들이를 가는 것이 부러워서였다. 그들은 처음에는 너무 행복했다. 주말이면 아이들 둘을 태우고 네 식구가 야외 나들이를 가곤 했다. 사흘이 멀다하고 차를 닦고 광을 내고 했다. 그런데 언젠가부터 차가 보기 싫어졌다. 이웃집에 한 부부가 이사를 왔는데, 그 집 남편은 자기 남편과 비슷한 연령인데도 벤츠를 몰고 다녔기 때문이다. 만일 그 여성이 자존감이 높았다면, "어, 저 집은 벤츠네. 우리는 모닝인데" 하고 별로 대수롭지 않게 넘어갔을 것이다. 만일 자존감이 더 높았다면 아예 벤츠니 모닝이니 하는 생각조차 들지 않을 수도 있을 것이다.

자존감이 높은 사람들 사이에 있으면 참 편하다. 자존감이 높으면 늘 자유롭고 행복하다. 명상은 자존감을 높여주는 정말 좋은 도구이다.

4. 명상을 하면 창의성이 발달한다

창의성은 습관이며 훈련이다. 이 시대는 창의성을 필요로 하는 시대이다. 지금까지 우리의 교육은 주로 주입식 암기에 치중되어 있었지만, 이제는 이런 암기 위주의 교육을 넘어서 창의력 교육에 관심을 기울여야 할 때가 되었다. 오늘날 선진국에서는 교육에서 가장 중요하게 생각하는 분야 중에 하나가 창의성 교육이다. 그래서 창의교육, 창의교실 등을 열어 창의성 훈련에 노력하고 있다. 창의성을 높여주는 가장 중요한 요소 중에 하나는 호기심을 가지고 상상하는 것이다.

성공한 대표적인 사람으로는 스티브 잡스Steve Jobs가 있다. 그는 매일 적어도 두 시간 이상 명상을 했다고 한다. 그가 명상 중에 주로 하는 것은 그의 전문성과 관련하여 상상하는 것이었다. 수많은 기업과 연구소에서는 거의 예외 없이 R&DResearch and Develop를 강조하고 있다. 즉 '연구하고 발전시키라'라는 것이다. 그러나 스티브 잡스식으로 하면 먼저 상상하고, 다음에 연구하고 발전시키라는 순서가 맞을 것 같다. I&R&D(Imagination and Research and Develop), 즉 상상하고, 연구하고 발전시키는 것이다. 명상은 상상력을 비상하게 발전시킨다. 상상을 하되 전문성이 없으면 그냥 유희를 위한 상상이나 망상으로 끝나기 쉽지만, 전문적 영역의 상상은 창의적 결과물을 만들어낼 가능성이 매우 큰 것이다.

나는 얼마 전에 미치오 카쿠 교수가 쓴 *Hyper Space*(초공간)이라는 책을 읽은 적이 있다. 그는 일본계 미국인으로서 미국의 대표적 미래학자이며 물리학자인데, 창의성이 뛰어난, 호기심이 많은 물리학자이다.

그의 아버지는 그가 어렸을 때 샌프란시스코에 있는 한 일본 찻집에 자주 데려갔다고 한다. 어린 미치오 카쿠는 아버지가 다도茶道를 하고 있을 때 정원에 있는 조그만 연못에 앉아 잉어들을 보고 놀곤 했는데 어느 날, 이런 호기심이 문득 드는 것이었다. 저 잉어들은 자기들이 살고 있는 연못 밖에 인간이 살고 있는 이런 세상이 존재한다는 것을 알고 있을까? 만일 내가 뜰채로 잉어 한 마리를 들어 올리면, 나머지 잉어들은 동료가 갑자기 없어졌다고 이상하게 생각할지 모른다, 그러다가 내가 다시 잉어를 연못에 넣어주면, 없어졌던 친구가 다시 갑자기 나타났다고 신기하게 여길지도 모른다. 우리 인간들도 마찬가지가 아닐까? 우리는 우리가 살고 있는 이 3차원의 세계가 세상의 전부라고 생각하고 있지만, 3차원의 공간을 넘어서는 어떤 세상이 존재할 수도 있지 않을까?

미치오 카쿠는 어린 시절에 이런 호기심을 가지고 상상하다가 결국은 대학에 가서 물리학을 전공하게 되고, 계속 상상하고 연구하고 발전시키다가 평행우주론 같은 이론도 발표하게 된 것이다. 아이들은 대체로 미치오 카쿠같이 호기심이 많다. 그래서 모든 것에 호기심이 생겨 질문을 많이 한다.

"하늘은 왜 파랗지?"

"하느님은 어디에 계시지?"

"시금치엔 철분이 있다는데 왜 무겁지 않지?" 등등, 어린이의 호기심은 끝이 없다.

그러나 이런 질문을 오히려 꾸중하는 부모나 교사 밑에서 자라난 아이들은 호기심을 억누르게 되고 주위에서 인정해주는 틀 속에만 안주하게 된다. 그러면 창의성은 억압된다. 직장에서도 마찬가지다. 아이디어를 내야 할 때 "나는 이런 아이디어가 있지만, 그걸 말했다가 상사한테 혼이라도 나면 어쩌지?" 하고 걱정부터 하게 되는 환경에서는 창조적 아이디어가 나오기 어렵다.

창조적 습관은 어려서부터 길러지는 것이 바람직하지만, 그렇지 못한 경우엔 성인이 되어서라도 과감하게 생각과 행동과 습관을 창조 지향적으로 고치는 것이 좋겠다.

문제는 상상력이다. 아이들의 창의성이 급격하게 줄어들기 시작하는 때는 본격적으로 기계적이고 암기식의 수학 공부를 하면서부터라고 한다. 명상을 하면서 우뇌가 활성화된 상태에서 마음껏 상상하라. 상상하면서 생각아이디어을 내라. 전문적인 지식이 없는 상상은 망상으로 끝나기 쉽고, 전문적 지식의 바탕에서 하는 상상은 창조적 결과를 낸다. 공즉시색空卽是色이다. 즉 아무것도 없지만 생각이 일어나면 그 생각의 결과물이 창조된다.

예를 들어, 앉아서 책도 읽고 글도 쓸 어떤 도구를 상상하다 책상을 생각하게 되면 나무 판때기, 받침대, 못 등을 결합하여 책상이 출현하게 되는 것이다. 핸드폰이나 스마트폰 등도 마찬가지다. 나는 대학 시절에 멀리 있는 친구에게 전화를 걸고 싶을 때 전

화국에 가서 전화를 신청하고 몇 시간씩 기다렸던 적이 있다. 그때 전화선이 없는 전화가 있다면 얼마나 좋을까 하고 생각하다가 무선전화로 친구와 전화하는 상상을 하곤 했다. 그러나 전문지식이 없는 나는 결국 상상만 하다가 끝났지만, 전문지식이 있는 과학자들은 무선전화에 대한 상상을 하다가 마침내 핸드폰을 만들어 냈던 것이다. 이것은 문학가와 예술가도 마찬가지이다. 대부분의 선진국에서는 진작부터 창의력 교육을 해오고 있다.

영국에는 정부가 추진하고 있는 창의교육 프로그램의 일환으로 '창의수업'이란 것이 있는데, 이 수업에서는 도전하고, 질문을 던지고, 위험을 감수하고, 협동하고, 효과적으로 의사소통하는 방법들을 가르치고 훈련시킨다. 그러나 무엇보다도 상상하고 새로운 아이디어를 내도록 격려한다. 이런 훈련을 받고 전문적인 지식을 쌓은 아이들이 명상을 하면서 어떤 일에 집중하여 상상하면, 그 상상은 자연스럽게 창의성으로 이어지게 된다.

이외에도 내가 깨달은 명상의 효과를 자세한 설명 없이 십여 개 더 소개하려고 한다. 구체적 내용은 독자들이 마음챙김 명상으로 알아차려 보기를 권한다.

1) 명상을 하면 세상을 보는 관점이 바뀐다.
2) 명상은 상한 감정을 치유하여 사랑과 위로 그리고 용기를 얻게 한다.
3) 명상을 하면 몸과 마음이 건강해진다.

4) 명상은 집중력을 비상하게 발달시킨다.

5) 명상은 면역력을 강화시켜서 성인병의 예방과 치료에 좋다. 즉 생리적 치유 효과가 있다.

6) 명상은 긍정적인 마음을 형성한다.

7) 명상은 잠재력을 계발시켜 능력 있는 사람으로 만든다.

8) 명상을 하면 자연을 포함하여 모든 존재와 하나라는 일치감을 느낀다.

9) 명상은 깨달음을 얻어 자아를 초월하게 만든다.

이외에도 명상의 효과는, 명상을 수련하는 각 개인의 경험에 따라 무궁무진할 것이다. 명상을 하면서 느낀 명상의 효과를 명상일지로 계속 써 본다면, 자신의 영성이 성장하는 것은 물론이고 명상을 하는 다른 사람에게 좋은 사례를 제공할 수 있을 것이다.

❖ 제1단계 명상 연습

1. 눈을 감고, 허리를 곧게 펴고, 목과 어깨의 긴장을 풀고, 혀끝은
   윗니 뒤쪽에 살짝 갖다 대고, 얼굴에 살짝 미소를 띠어서 몸과
   마음을 편하게 이완시킨다.
   바쁜 생각을 내려놓고, 지금 여기에 온전히 존재하는 것을 느낀
   다. 몸의 감각과 들려오는 소리 그리고 냄새 등을 판단하지도
   않고 비판하지도 않으면서 있는 그대로 느껴본다.
   평소보다 좀 더 길게 호흡을 한다. 천천히 숨을 들이쉬면서 들
   이쉬는 호흡을 바라보고, 천천히 숨을 내쉬면서 내쉬는 숨을 바
   라본다. 처음에는 3분 정도 하다가 차차 시간을 늘려간다.

   ■ 성찰명상(觀)을 할 때라도 마음의 고요 속으로 들어가는
   집중명상(止)을 항상 먼저 하도록 해보라.

2. 명상이란 무엇인가 하는 문제를 시간을 가지고 충분히 살펴본
   다. 특히 다음의 주제들을 명상 중에 깊이 살펴보라.
   1) 명상은 세상에서 가장 쉬우면서도 가장 어렵다는 말의 의미.
   2) 명상과 관련하여 미드바르midbar라는 말이 가지고 있는 상
      징성
   3) 하워드 클라인벨의 명상에 대한 정의
   4) 에크나트 이스와란의 명상에 대한 정의

5) 윤종모의 명상에 대한 정의

6) 명상할 때의 자세

7) 명상하기에 좋은 장소.

8) SBNR(Spiritual, but not Religious) 운동

9) MBSR(Mindfulness-Based Stress Reduction: 마음챙김에 기초한 스트레스 완화) 프로그램

10) 사마타samatha 명상

11) 위빠사나vipassana 명상

12) Pleasure와 Joy의 차이

13) 켄 윌버가 말하는 마음의 눈과 정관의 눈

14) 위빠사나의 핵심적 깨달음인 무상無常, 고苦, 무아無我

15) 기독교 명상인 영적 독서lectio divina와 관상기도contemplation

16) 마음챙김/알아차림mindfulness

17) 고통= 1차 고통 + 2차 고통이라는 말과 "두 번째 화살을 맞지 말라"는 말의 뜻

18) 바디 스캔body scan 실습

19) 명상의 효과

20) 명상과 창의력

제2단계

호흡수련과 명상

호흡수련과 명상

　어떤 종류, 어떤 전통의 명상이든지 모든 명상은 다 마음을 고요히 하여 내면의 고요 속에 머무는 것(사마타명상)과 어떤 주제를 잡고 깊이 성찰하여 깨달음의 지혜를 얻는 것(위빠사나명상)으로 되어 있다. 불교 명상에서는 이것을 지관쌍수止觀雙修라고 한다.

　마음을 고요히 하여 내면의 고요 속으로 들어가게 해주는 데 도움이 되는 첫 번째 도구는 호흡명상이다. 그래서 호흡에 주의를 집중하여 바라보는 것은 모든 명상 수련의 핵심이 되는 것이다. 바른 호흡과 명상은 수천 년간 이어져온 심신 수련법이다.

　그러나 호흡에 대한 과학적 연구가 시작된 것은 불과 50여 년 전 일이고, 그나마 첨단과학에 의한 뇌 연구는 불과 십수 년 전에야 비로소 본격적으로 시작되었다. 하버드대학에서 연구한 조사에 의하면, 노인이 올바른 호흡과 명상을 하면 심장병 입원율이 87%, 암 입원율이 57%, 신경계통 입원율이 88%나 떨어지는 것으로 나타났다.

　　바른 호흡과 명상은 마음의 근육을 키워줄 뿐만 아니라 몸의
건강에도 매우 중요한 요소이다. 호흡은 생명과 함께 존재한다. 생
명이 시작될 때 호흡이 시작되고, 생명이 끝날 때 호흡도 끝난다.
하나의 유기체가 살아 있다는 것은 그 유기체가 호흡을 하고 있다
는 것이고, 유기체가 죽었다는 것은 그 유기체가 호흡을 멈췄다는
것이다. 유기체가 살아 있는 동안에는 계속 호흡을 하게 되는데, 숨
을 들이쉴 때는 산소를 받아들여서 폐를 거쳐 심장으로 보내진다.
심장은 깨끗하고 풍부한 산소를 몸 전체의 세포에 보내서 유기체
가 계속 활동하고 살아가게 만든다. 그리고 유기체가 숨을 내쉴 때
는 노폐물인 이산화탄소가 심장을 거쳐 폐를 통해 코 밖으로 배출
된다. 특히 뇌세포는 산소에 매우 민감하여 단 5분 정도만 산소가
공급되지 않아도 뇌세포는 재생 불능으로 파괴되고 유기체는 죽게

된다.

이와 같이 호흡은 곧 생명과 직결되지만 우리는 평소에는 호흡에 별로 주의를 기울이지 않는다. 우리는 명상을 시작하면서 비로소 호흡에 주의를 기울이게 된다. 명상할 때의 호흡은 자연스러운 것이 좋지만, 처음에는 심호흡 등 몇 가지의 호흡 훈련을 하는 것이 필요하다.

호흡명상을 할 때 중요한 것은 호흡을 바라보는 것이다. 숨을 길게 내쉴 때는 '나는 숨을 길게 내쉬고 있다'고 인식하며 바라보고, 숨을 길게 들이쉴 때는 '나는 숨을 길게 들이쉬고 있다'고 인식하며 바라본다. 명상을 하면서 호흡을 지켜보는 훈련이 어느 정도 익숙해지면 호흡은 가늘고 부드러워진다. 가늘고 길게 숨을 들이쉬고, 가늘고 길게 숨을 내쉰다. 숨이 들어오고 나가는 코끝을 바라보면서 가늘고 길게 들고 나는 숨을 바라보라. 이런 호흡명상은 집중력을 향상시킨다. 이런 호흡을 수련하면서 호흡이 가지고 있는 기능과 의미를 알아가는 것은 명상의 진전에 매우 중요하다. 아래에 호흡에 관한 몇 가지 사실들을 좀 더 구체적으로 소개한다.

I. 심호흡

우리는 흥분하거나 화가 나거나 놀랐을 때 그리고 두렵거나 불안할 때 호흡이 매우 빨라지는 것을 모두 경험했을 것이다. 심할 때는 호흡에 곤란을 느끼는, 즉 호흡항진을 경험하기도 했을 것이다. 호흡이 빨라지고 호흡에 곤란을 느낄 때 호흡에 집중하면서 심호흡을 하면 마음이 빨리 안정된다. 마음이 크게 불안하지 않은 일상생활에서도 심호흡을 하면 몸과 마음이 이완되고 안정되어 매우 편안해진다. 그래서 명상수련을 할 때는 명상에 대한 기본 이해가 끝나면 바로 호흡 훈련을 시작하는 것이 좋다.

1. 첫 단계로 심호흡을 연습해 보자

먼저 눈을 부드럽게 감고, 허리를 곧게 펴고, 목과 어깨의 긴장을 풀고, 혀끝은 윗니 뒤쪽에 살짝 갖다 대고, 얼굴에 살짝 미소를 띠어서 몸과 마음을 편하게 이완시킨다. 바쁘고 번잡한 생각을 잠시 내려놓고, 지금 여기에 온전히 존재하는 것을 느낀다. 몸의 감각과 들려오는 소리 그리고 냄새 등을 판단하지도 말고 비판하지도 않으면서 그저 있는 그대로 느껴본다.

이제 코로 숨을 깊게 들이마시고, 입으로 길게 후! 하고 내쉰다. 마음을 괴롭히는 스트레스와 몸의 피로를 후! 하고 내쉬는 숨에 실어 내보낸다. 편안한 느낌이 들 때까지 몇 번 더 실행한다.

이제 평소의 호흡으로 돌아온다. 그러나 평소보다 좀 더 길게 호흡을 한다. 자연스럽게 천천히 숨을 들이쉬면서 들이쉬는 호흡을 바라보고, 천천히 숨을 내쉬면서 내쉬는 숨을 바라본다.

처음에는 2분 정도 하다가 점차 3분, 5분, 10분, 30분, 1시간으로 시간을 늘려간다. 어느 날, 시간이 되면 나만의 공간을 찾아서 반나절 혹은 하루종일 호흡명상을 해본다. 이제와는 전혀 다른 세계를 경험하게 될 것이다.

2. 심호흡은 소위 말하는 복식호흡이다

어린아이들이 호흡하는 것을 살펴보라. 아이들은 복식호흡을 한다. 복식호흡은 느리고 깊게 하는 호흡을 말한다. 아이는 자라면서 해야 할 과제들이 점점 더 많아지고, 경쟁에서 이겨야 하기 때문에 마음이 바빠지고 복잡해지고 번잡해진다. 이렇게 자란 아이들은 어느새 복식호흡은 잊어버리고 코와 폐로만 하는 흉식호흡 혹은 가슴호흡을 하게 된다. 가슴호흡을 하는 성인들은 늘 마음이 바쁘고, 일에 쫓겨 중압감을 느끼면서 정서적 안정을 상실한 채 일상생활을 하고 있다. 성인들도 가끔은 복식호흡을 해야 한다. 명상은 복식호흡을 회복시켜주는 최고의 도구이다.

심호흡으로 숨을 깊게 들이쉬면 횡경막이 평상시보다 좀 더 충분히 아래로 내려가기 때문에 복부는 자연히 밖으로 볼록하게 나오게 된다. 심호흡을 하면 공기를 들이쉬는 시간이 좀 더 길어지

고, 좀 더 많은 양의 공기가 폐 속으로 들어가게 된다. 그리고 숨을
내쉴 때는 더 많은 양의 공기를 배출하게 된다.

심호흡은 몸을 건강하게 만든다. 그러나 더욱 중요한 것은 심
호흡은 마음을 안정시키는 최고의 방법이라는 것이다. 안정된 마
음으로 나를 보고, 이웃을 보고, 사물을 보며 마음챙김을 하면, 우
리의 영성은 점점 더 성장하여 성숙해지고, 이것은 마음의 상처를
치유하는 단계로 이어진다.

3. 단전호흡을 응용하여 상상 호흡을 해보라

단전호흡은 도교道敎 등 동양 전통에서 행해져 온 호흡 수련법
으로 복식호흡과 비슷한 호흡법이라고 볼 수 있다.

복식호흡과 단전호흡을 굳이 구분하자면, 복식호흡은 숨을 들
이쉴 때 숨쉬는 영역을 복부 부위까지 확장하므로 숨을 들이쉴 때
배가 볼록 나오고 숨을 내쉴 때 배가 움푹 들어가지만, 단전호흡은
배꼽 아래 단전 부위 아랫배만 들어갔다 나왔다 하는 호흡법이다.
단전호흡은 전통과 단체에 따라 하는 방법이 조금씩 다르긴 하지
만, 중요한 점은 단전호흡을 수련할 때는 반드시 전문가의 지도에
따라 하라는 것이다.

그러나 명상을 할 때는 구태여 단전호흡을 할 필요는 없다. 다
만 좀 더 깊은 이완을 위하여 응용된 단전호흡을 하는 것은 유용하다.

단전은 배꼽에서 손가락 세 마디쯤 아래쪽에서 다시 손가락

두 마디쯤 안쪽으로 위치해 있다고 가정한다. 응용된 단전호흡은 일종의 상상 호흡으로서 숨을 들이쉴 때 실제로는 코로 숨을 들이 쉬지만, 단전으로 숨을 들이쉰다고 상상하며 단전을 볼록하게 내밀고, 코로 숨을 내쉴 때도 단전으로 숨을 내쉰다고 상상하며 심호흡을 하는 것이다. 이런 상상 호흡은 집중력을 비상하게 발달시키며, 좀 더 깊은 심신의 이완을 경험하게 한다.

이와 비슷한 호흡법으로 정수리 상상 호흡법도 있다. 정수리 상상 호흡은 주로 누워서 하는 것이 좋다. 정수리 상상 호흡은 심신의 이완에도 좋지만 특히 수면 명상에 적합한 호흡법이다. 반듯하게 천장을 보고 누워서 코로 숨을 들이쉴 때 정수리로 숨을 들이마신다고 상상하고, 숨을 내쉴 때는 발가락 끝으로 숨을 내쉰다고 상상하는 것이다.

정수리 상상 호흡을 하다보면 어느새 몸통이 속이 텅 빈 통나무처럼 느껴지며 편안함을 느끼고 깊은 잠에 빠져들기도 한다.

4. 명상할 때의 다양한 호흡법

명상할 때는 구태여 심호흡을 의식하며 할 필요는 없다. 명상할 때는 자연스럽게 호흡하는 것이 좋다. 그러나 심호흡을 훈련한 사람은 명상할 때 자연스럽게 심호흡을 하게 된다. 사람은 일상생활을 할 때 보통 1분에 20회 정도의 호흡을 한다. 그러나 명상할 때는 호흡을 좀 더 길고, 가늘고, 깊게 하기 때문에 보통 1분에 4회 내지 6회 정도 호흡을 한다. 호흡명상을 할 때 모든 명상에서 공통적인 점은 바쁘고 번잡한 마음을 내려놓고 호흡에 집중하는 것인데, 집중하기 위하여 사용하는 몇 가지 방법을 소개한다.

1) 호흡하면서 코끝을 바라본다

숨을 길게 들이쉬고 내쉬면서 '하나' 하고 숨을 바라본다. 생각이 딴 곳으로 흘러가면 그것을 알아차리고 다시 호흡으로 돌아온다.

2) 호흡하면서 숫자를 세어본다

첫 번째 숨을 들이쉬면서 '하나' 하고 세고, 두 번째 숨을 들이쉬면서 '둘' 하고 세며, 이렇게 스물까지 세어본다. 스물까지 센 후에는 자신에게 '입정入定' 하고 알려준다. 입정은 고요한 상태를 말한다. 입정이라는 말 대신 그냥 '고요' 혹은 '센터링 다운'(centering down)이라고 말해도 좋다. 이후에는 고요한 마음을 유지한다.

숫자를 셀 때 거꾸로 세어 내려와도 좋다. 숨을 들이쉬고 내쉴 때 스물부터 시작하여 하나까지 센 후 입정을 자신에게 알려줘도 좋다.

3) 호흡을 하면서 코 주위의 공기의 변화되는 모습을 그려본다

숨을 들이쉼으로 코 주위의 공기의 흐름이 변화되는 모습을
바라보고, 숨을 내쉼으로 변화되는 공기의 모습 또한 바라본다. 그
렇게 계속 바라본다.

4) 호흡하면서 만트라를 외운다

자기가 좋아하는 단어나 말을 되뇌이면서 호흡한다. 즉 '평화', '자비', '사랑', '우분투' 등 어떤 말이라도 좋다. 기독교에서 묵상할 때에 하는 예수기도도 좋다. 숨을 들이쉬면서 '주님', 숨을 내쉬면서 '저를 불쌍히 여기소서' 하고 말한다. 그냥 원어로 숨을 들이쉬면서 '기리에'(kyrie, 주님), 숨을 내쉬면서 '일레이손'(eleison, 저를 불쌍히 여기소서) 하고 말해도 좋다.

명상하면서 호흡에 집중하는 것은 번잡한 생각을 멈추고 마음을 하나로 모아서 의식의 중심에 분명하고 흐트러지지 않는 마음의 공간을 형성하는 것이다. 그러면 마음의 평화와 지혜의 눈을 얻게 된다. 이 마음의 평화와 지혜의 눈을 토대로 사물의 본질을 보고 궁극적 실재의 특성을 깨닫게 되는 것이다.

이렇게 보면 호흡에 집중하여 수련하는 것은 단순히 쉼이나 이완만이 아니라 우리를 깨달음의 세계로 인도해 가는 수레나 배와 같은 것이다.

II. 호흡의 원리와 효과

호흡에 주의를 집중하여 바라보는 것은 모든 종류의 명상에서 가장 핵심이 되는 훈련이다. 명상을 오래 수련해 온 사람들은 대다수가 이 말에 동의한다. 마음챙김에 기초한 스트레스 완화 프로그램(MBSR)으로 유명한 존 카밧진 교수도 자신의 스트레스 클리닉에 참석했던 대부분의 사람들이 '호흡'을 가장 중요한 수업이었다는 평가를 했다고 보고한 바 있다.

아래에 호흡의 원리와 효과에 대한 중요한 몇 가지 사실들을 정리하여 소개한다.

1

명상 중에 심호흡을 하며 정신을 집중하면 뇌에서는 알파파가 흐르는데, 이때 뇌에서는 엔도르핀과 세로토닌이 분비되며, 좌뇌는 잠시 휴식하고 우뇌는 활성화된다. 알파파는 8~12헤르츠$_{hz}$의 뇌파로서 집중력, 창의성, 마음의 평화와 관련이 깊다. 베타파는 13~30헤르츠의 뇌파로서 우리가 일상생활을 하는 평상시에 나타나는 뇌파이다.

쎄타파는 4~7헤르츠로서 알파파처럼 집중력, 창의력, 마음의 평화와 관련이 깊지만 좀 더 깊은 의식 수준의 뇌파이다. 명상을 시작하여 고요 속에 들어가면 뇌에서는 알파파가 흐르기 시작하다가 좀 더 깊은 고요 속에 들어가면, 쎄타파로 바뀐다. 알파파는 주로 우뇌에서 흐르는 뇌파이다. 의식을 집중하는 명상을 하면 좌뇌는 잠시 휴식을 취하고 우뇌는 활발해지는데, 좌뇌는 주로 분석적, 논리적, 언어적 기능을 담당하고, 우뇌는 직관적, 감성적, 회화적imaginative인 기능을 담당한다.

우뇌가 활성화되면 직관과 영감 그리고 창의력이 무섭게 활성화되는데, 이때 얻어지는 정보들의 가치는 좌뇌에서 얻는 정보와는 차원이 다르다. 우뇌의 활성화는 뇌의 잠재력을 개발하는 열쇠라고 해도 과언이 아니다.

고도의 긴장, 흥분, 분노의 감정 상태에서는 아드레날린이 분비되는데, 아드레날린은 인간이 위험에 처했을 때 근육에 긴장과 경각심을 줘서 도움이 되는 호르몬이긴 하지만, 이 호르몬이 지나칠 경우에는 스트레스를 더욱 증가시키고, 혈관을 축소시켜 혈류가 방해되고, 동시에 다량의 활성산소가 발생하여 DNA를 파손하고 암과 고혈압, 동맥경화 등을 일으켜 심장마비와 뇌졸중 등을 일으키기도 한다.

하지만 심호흡을 하여 뇌파가 알파파로 안정되면 세로토닌이나 엔도르핀이 분비되고 아드레날린 분비는 억제되어 균형을 이루게 된다. 심호흡은 결국 마음의 평화와 함께 신체의 건강을 향상시키는 효과가 있다.

2

갓 태어난 아이는 복식호흡을 한다. 그러나 인간은 성장하면서 점점 더 좌뇌를 많이 쓰게 되고, 바쁘고 조급해지고 성격이 급해지면서 호흡은 점점 더 짧아진다. 성인이 되면 호흡이 주로 코와 폐 사이를 왕래하게 되는데, 성인은 1분에 약 15회 내지 20회 정도 숨을 쉬고, 한 번 호흡하는데 걸리는 시간은 약 3초간이며, 산소량은 50cc 정도라고 한다. 명상할 때의 호흡은 기본적으로 심호흡이다. 그러나 깊은 침묵 속으로 들어가면 심호흡을 하고 있다는 사실을 의식하지는 않지만 자연스럽게 심호흡을 하게 된다.

3

번잡한 생각을 내려놓고 호흡에 주의를 집중하여 바라보면, 집중력이 비상하게 발달하게 되는데, 집중력이 발달한가운데 시각화 수련을 하면 감성지능emotional intelligence이 또한 크게 발달하게 된다. 감성지수(EQ: Emotional Quotient)가 높은 사람은 일의 업무성과가 높고, 인간관계가 좋으며, 리더십도 탁월해서 성공과 행복의 조건을 창조할 수 있는 능력이 뛰어나다.

상상의 시각화 훈련으로 감성지수를 높이는 예를 몇 가지 들어본다. 상상 속에서, 어미를 잃어버리고 배가 고파 우는 새끼 고양이를 보고 어떤 느낌이 드는지 바라본다. 불쌍한 생각이 들어 먹

이도 주고 돌봐주기도 하면 감성지수가 높아진다.

비가 올 때 기왓장에 부딪치는 빗소리를 들으며, 앞마당의 메마른 흙먼지가 내리는 빗방울에 움푹움푹 파이며 튕겨져나가는 것을 바라보아도 감성지수가 높아진다. 명상 속에서 꽃향기를 맡으며 기뻐하고, 맛있는 음식을 먹으며 감사하고, 바람에 느슨하게 흔들리는 나뭇잎을 보며 신비감을 느끼는 상상도 감성지수를 높인다.

4

심호흡은 내면의 깊은 곳으로 들어가기 때문에 심리적, 정서적 안정에 좋다. 심호흡을 하여 깊은 고요 속에 들어가면 잠들어 있는 내면세계의 평온감과 영성을 깨운다. 마음의 안정과 영성의 자각은 정서적 건강뿐 아니라 신체적 건강에도 영향을 끼친다. 몸과 마음은 서로의 건강에 서로 영향을 끼치고 있는 것이다(psychosomatic).

현대인의 질환은 80퍼센트가 심인성 질환이라고 한다. 그중에서도 스트레스가 주범이다. 스트레스가 심하면 온 몸의 세포를 괴롭히고, 면역체계가 약해져 암이나 심장병, 기타 성인병에 걸리기 쉽다.

이렇게 보면 호흡은 단순히 숨을 들이쉬고 내쉬는 것만이 아니라 그 이상의 어떤 의미가 있는 것을 알 수 있다. 깊은 호흡은 잠들어 있는 내면세계의 평온감과 주의집중력을 비상하게 발달시키는데, 이에 수반되어 일어나는 감각을 느끼면 영성이 깊어지고, 이것은 다시 치유로 이어진다는 사실이다.

5

　호흡은 우리의 육체와 무한한 우주 공간을 연결시켜 주는 유일한 끈이다. 호흡을 마음챙김하면서 들숨과 날숨을 바라보면, 호흡이 우주의 신비로 연결되는 통로임을 깨닫게 된다. 들숨에서 우주의 생명력을 들이마셔 몸 안의 구석구석까지 보낸다는 느낌을 가져보고, 날숨에서 몸 안의 나쁜 기운과 병든 마음의 찌꺼기도 함께 내보낸다고 느껴본다.

　호흡에 집중하여 깊은 고요 속에 들어가면 마음의 평화를 느끼는데, 그러면 '아, 편안하다, 편안하다… 나는 평화로운 영혼…' 등의 말을 마음속으로 되뇌어본다. 이런 만트라mantra가 우리의 정체성으로 녹아들면 우리는 어떠한 상황에서도 마음의 평화를 유지할 수 있다.

III. 질 볼트 테일러의 증언 — 뇌출혈과 니르바나

질 볼트 테일러Jill Bolte Taylor라는 뇌과학자의 뇌출혈 경험에 대한 이야기를 간단하게 소개하려고 한다. 그녀의 뇌출혈 경험을 여기서 이야기하려고 하는 것은 그녀의 뇌출혈 경험이 명상을 이해하는 데에 매우 좋은 사례가 될 것 같아서이다.

질은 2008년, 전 세계 지성인들의 축제인 TED 컨퍼런스에서 뇌출혈 경험으로 얻은 통찰을 주제로 강연하여 수많은 사람의 공감과 감동을 얻었다. 그녀는 어린 시절 정신분열증에 걸린 오빠를 보며 '왜 오빠는 다른 사람과 저렇게 다를까?' 하고 생각하며 인간의 마음과 뇌에 대한 호기심과 의문을 가지게 되었다. 그래서 그녀는 인디애나의과대학에 진학하여 신경해부학을 전공하고 하버드대에서 연구원으로 일해 왔다.

그러던 중 1996년, 질은 37세의 나이로 왼쪽 뇌에 뇌출혈이 일어난다. 그녀는 수술 후 초인적인 노력으로 8년 만에 뇌출혈로부터 완전히 회복한 후, 논리적이고 언어적인 좌뇌 기능이 상실되고 우뇌로만 세상을 느꼈던 경험을 *My Stroke of Insight*라는 제목의 책으로 출판했는데, 우리나라에서는 『긍정의 뇌』라는 제목으로 번역 출판되었다. 질의 이야기 중에 명상과 관련하여 의미 있는 내용을 간단히 소개한다.

좌뇌는 분석하고 판단하며, 시간도 과거, 현재, 미래의 연속선상에서 이해한다. 반면에 우뇌는 소리와 빛 그리고 사물의 모습을 마치 꼴라주처럼 뒤엉킨 상태로 지금 여기에서만 느낀다. 그러니까 우뇌는 과거와 미래는 인지하지 못하는 것이다.

예를 들어, 강의를 듣고 있는 가정주부가 강의를 들으면서도 동시에 '오늘 저녁 반찬은 뭘 하지? 강의가 끝나면 이따 마트에 들려서 반찬거리를 좀 사야겠다'라고 하면서 미래에 대한 생각을 하고 있다면, 이것은 좌뇌가 활동하고 있어서 그런 것이다. 질 볼트처럼 우뇌만 작동하고 있다면 강사의 목소리만 그저 웅웅거리며 귓가를 떠다닐 것이다.

질 볼트가 좌뇌의 대부분의 세포가 파괴되고 우뇌의 기능만이 주로 작용할 때의 경험을 표현한 것을 몇 가지 인용하여 정리해 본다.

나는 뇌졸중 경험을 통해 우뇌 의식의 핵심에는 마음의 깊은 평화와 직접적으로 연결된 성격이 존재한다는 것을 깨달았다. 이는 평화와 사랑, 기쁨, 공감을 표현하는 일을 전담하고 있었다.

오른쪽 뇌는 현재에 있는 사물의 존재를 좋다 나쁘다 판단하지 않고 그냥 기쁨과 감사함으로 받아들인다. 걱정이나 근심은 아주 희미하다. 오른쪽 뇌에는 현재 순간 외의 시간이 존재하지 않으며 지금 이 순간만이 끝없이 계속 이어진다.

우뇌가 작동하는 기간 동안 나의 느낌은 마치 니르바나(nirvana)
같았다.

내가 질의 말을 의미 있게 생각하는 것은 우리가 명상할 때는
좌뇌가 활동을 쉬며 우뇌가 활성화되는데, 이것은 질이 뇌출혈 경
험을 통하여 보여주는 것으로부터 명상의 효과를 확인할 수 있기
때문이다.

우리가 지止의 명상, 즉 사마타samatha명상으로부터는 쉼과 함
께 마음의 평화, 사랑, 감사하는 마음과 기쁨, 걱정 근심으로부터
의 자유 등을 경험할 수 있는 것이다. 그리고 지止의 명상에서 관觀
의 명상으로 옮겨가면 깨달음의 지혜를 얻게 된다. 이것이 명상이다.

오랜 기간에 걸쳐 바르게 명상한 사람들을 살펴보면, 정서가
안정되어 있고, 늘 긍정적이며, 비교적 걱정 근심이 없고, 있으나
없으나 늘 행복감을 느끼고 있으며, 동시에 인생과 사물에 대해 매
우 지혜로운 인식을 가지고 있는 것을 알 수 있는데, 이것은 명상
을 통해 우뇌의 활성화가 일상화되어 있기 때문일 것이다.

질 볼트 테일러가 왼쪽 뇌에 뇌출혈을 일으켜 우뇌만이 작동
할 때에 얻은 경험과 명상가들이 명상을 통하여 우뇌의 활성화가
일상화되었을 때의 경험이 정확하게 들어맞는다. 질 볼트의 경험
은 명상의 효과를 확실하게 증언하고 있는 셈이다.

❖ 제2단계 명상 연습

1. 명상을 수련할 때는 언제나 호흡명상으로부터 시작하는 것이 좋다. 만약 정서가 안정되어 있지 않거나 스트레스 상황이면 약 5초 내지 10초 정도 숨을 깊이 들이마신 다음 세 번에 나누어 입으로 '후!' 하고 내뿜어 낸다. 이런 숨쉬기를 몇 차례 반복한다. 그런 다음 약 10초 정도 양손을 힘을 주어 꼭 쥔 후에 서서히 힘을 푼다. 이런 행동을 몇 차례 반복한다.

2. 마음이 어느 정도 안정이 되면, 마음속으로 다음과 같이 말해 보라. "음, 스트레스 상황이군…. 이쯤에서 스트레스를 내려놓자. 이미 일어난 일이니 긍정적으로 받아들이자. 이 일을 대처하는 최고의 방법은 뭘까? 두 번째 화살은 맞지 말자. 최선을 다하되 집착하지 말자."

3. 그런 다음 '친절한 사랑명상'(loving-kindness meditation) 혹은 '자비명상'과 '나는 위대한 정신 명상'을 해본다.

1) 친절한 사랑명상 1: 호흡명상을 하면서 깊은 고요 속으로 들어가라. 먼저 사랑하는 사람을 마음에 떠올려보라. 그리고 그를 꼭 껴안아 보라. 포옹은 상대방이 나에 대하여 좋은 생각을 가지고 있다는 것을 느끼게 해주고, 나 또한 상대방에 대하여 좋

은 감정을 가지고 있음을 확인시켜 준다. 그러므로 포옹은 강력한 치유의 힘이 있는 신체접촉skinship이다. 사랑하는 사람을 포옹하고서 그에게 말해 본다.

"나는 당신을 사랑합니다. 당신의 전존재를 사랑합니다. 사랑합니다."

이제 그에게 물어보라.

"당신의 고통은 무엇이며 소망은 무엇입니까?"

상상 속에서 그의 대답을 들은 후 다시 말한다.

"나는 당신이 그 고통에서 벗어나고, 번민에서 벗어나고, 마음의 아픈 상처에서 벗어나기를 빕니다. 그리고 소망을 이루어 행복하기를 바랍니다. 진실로 행복하기를, 행복하기를….."

이제 당신이 아는 사람들에게 똑같은 방법으로 사랑의 마음을 베풀어 본다. 다음에는 당신이 모르는 사람들에게도 똑같은 방법으로 자비의 마음을 보내어 보라.

이제는 사람뿐만 아니라 동물들에게도, 식물들에게도, 심지어는 지구의 생명체를 넘어 우주 저쪽 반대편에 있는 생명체에게까지도 자비의 마음을 보내 본다.

당신 존재의 중심으로부터 불쌍히 여기는 마음, 사랑하는 마음이 퍼져 나와서 마침내 자비심이 당신의 전 존재를 가득 채우게 하라. 그런 후에 당신이 미워하고 싫어하는 사람을 떠올려 본다. 그에게 측은한 마음이 일어나면, 당신이 좋아하는 사람에게 했던 것과 똑같이 해본다. 만약 거부감이 생기면, 무리하게 행하지 말고 다음으로 미루라.

■ 사람이 사랑하는 마음으로 다른 사람을 포옹하면 다음과 같은
효과를 가져온다.

(1) 포옹은 긴장을 완화시킨다.

(2) 포옹은 치유를 경험하게 한다.

(3) 포옹은 피돌기를 활발하게 한다.

(4) 포옹은 자존감을 높여 준다.

(5) 포옹은 좋은 마음을 일으키게 만든다.

포옹할 때 사람들 사이에서 일어나는 이러한 일들이 명상
중에 깨달은 우주적 정신, 자연의 섭리와 신비, 깨달음 등을 가
슴에 꼭 껴안을 때도 똑같이 일어난다. 다만 이때는 그 감정이
더욱 강렬하고 신비로운 위로와 치유 또한 더욱 강렬한 차이가
있을 뿐이다.

2) 친절한 사랑명상 2: 조용히 앉아 호흡을 바라보면서 얼굴에
는 잔잔한 미소를 지어 보라. 인간이라는 존재와 그 운명을 생
각해 본다. 자신이 원해서 이 세상에 온 것도 아니면서 다른 사
람에게 뒤질세라 아둥바둥 살다가, 자신이 원하지 않아도 언젠
가는 가야만 할 운명적인 존재, 인간….
사랑하는 사람들을 머리에 떠올려 본다. 한 사람 한 사람을 꼭
껴안으면서 자비심과 불쌍히 여기는 마음을 그들에게 쏟아 부
어보라.

■ 당신이 행복하기를. 인생에서 쫓기는 실패자가 되지 말고 비록 가진 것이 없다 할지라도 인생을 당당하게 사는 승리자가 되기를. 나는 당신이 고통에서 벗어나고, 번민에서 벗어나고, 깨달음을 얻어 행복하기를 빕니다. 당신이 진실로 행복하기를, 행복하기를….

이제 당신이 아는 모든 사람에게 똑같은 방법으로 사랑의 마음을 베풀어 본다. 당신이 모르는 사람들에게도 사랑의 마음을 보낸다. 동물과 식물들에게도, 나아가서 우주의 모든 생명체에게도 자비의 마음을 보낸다.

이제 미워하는 사람에게도 자비심과 불쌍히 여기는 마음을 보내 보라. 당신 존재의 중심으로부터 자비심이 퍼져 나와서 마침내 자비심이 당신의 전 존재를 가득 채운다. 이 모습을 생생하게 시각화해보라. "아, 나는 자비롭고 평화로운 영혼…."

■ 분노의 마음을 버리는 훈련으로 친절한 사랑명상, 즉 자비명상 만한 것이 없다고 한다. 예수의 사랑이나 붓다의 자비도 그 뿌리는 다 '불쌍히 여기는 마음'(compassion)이다. 당신의 마음이 사랑으로, 자비로 가득 찰 때까지 사랑의 친절명상을 계속해보라.

3) 나는 위대한 정신 명상: 먼저 눈을 감고 3분 내지 5분 동안 심호흡을 하면서 정신을 집중한다. 그리고 상상 속에서 자신의 영혼이 육체를 이탈하여 하늘 높이 떠오르는 모습을 바라보라. 하늘로 점점 더 높이 오르면서 누워있는 자신의 모습을 내려다 본다. 자신의 모습이 강아지만 하게 작게 보이다가 점점 더 작아져서 개미만 하게 보인다. 하늘로 더 높이 날아오른다. 지구가 축구공만 하고, 마침내는 탁구공만 해질 때까지 하늘 높이 날아올라서 지구를 바라본다. 자신의 모습은 거의 보이지도 않는 조그만 지구 속에서 자신이 지금 겪고 있는 고통과 스트레스, 분노, 질투, 좌절 등을 바라보라. 하찮은 일로 분노하여 큰 소리를 지르고, 상대방을 욕하며 모욕하고, 조그마한 일에 목숨을 걸고 집착하며 애를 태우는 자신의 모습을 바라본다. 이제 태양의 주위를 돌고 있는 지구를 바라보고, 그런 태양계를 수도 없이 품고 있는 은하계를 바라보고, 그런 은하계를 수천억 개나 품고 있는 거대한 우주를 바라보라. 어떤 느낌이 드는가? 마음 속에 일어나는 느낌을 고요히 바라본다. 그리고 다음과 같이 말해 보라.

"나는 위대한 영혼이다. 그런 하찮고 조그마한 일로 화내고, 슬퍼하고, 질투하고, 좌절하기에는 너무나 큰 정신이다. 나는 위대한 정신이다, 위대한 정신이다…. 아, 마음의 평화…"라고 만트라mantra를 반복해 보라.

■ 만트라는 반복해서 마음속으로, 혹은 소리 내어 하는 말이나 음音이다. '만'은 마음이란 뜻이며, '트라'는 자유롭게 한다는 뜻이다. 만트라는 마음을 자유롭게 하여 마음의 평화를 얻게 하는 신비한 힘이 있다.

4. 호흡명상과 심호흡에 대한 다음의 주제들을 명상 중에 깊이 살펴본다.
   1) 호흡수련의 중요성에 대한 이해
   2) 심호흡 연습
   3) 명상할 때의 다양한 호흡법에 대한 이해와 연습
   4) 만트라에 대한 이해
   5) 호흡의 원리와 효과에 대한 이해
   6) 지관쌍수止觀雙修에 대한 이해
   7) 좌뇌left-brain와 우뇌right-brain의 기능
   8) 질 볼트 테일러의 뇌출혈 경험이 명상에 대하여 가지고 있는 의미

제3단계

성장과 치유를 위한 정신통합과 명상

성장과 치유를 위한 정신통합과 명상

인간의 삶은 긍정적인 면과 부정적인 면 그리고 기쁜 일과 슬픈 일들이 날줄과 씨줄처럼 얽혀서 흘러가고 있다. 슬픈 일들이란 폭력, 유기, 상실, 이별, 죽음 등등의 마음 아픈 일들이다. 어떤 트라우마는 마음에 깊은 충격과 상처로 남아 이상심리를 만들기도 하고 외상후 스트레스 장애를 일으키기도 한다.

상담사나 심리치료사 그리고 정신과 의사들은 사람들이 그런 아픔과 이상심리에서 회복되도록 돕는 사람들이다. 그리고 이들이 주로 쓰는 도구는 심리치료이다. 그런데 심리치료로는 치료에 한계가 있다. 심리치료의 한계를 보완하는 치료는 영성치유라고 할 수 있는데, 영성치유의 좋은 도구는 명상이다. 그래서 오늘날 많은 정신과 의사들이 치료의 도구로 명상을 응용하는 사례가 점점 늘어가고 있는 추세이다.

자아초월심리학transpersonal psychology은 영성을 다루는 심리학이라고 할 수 있다. 그래서 심리학자들은 자아초월심리학을 전통적인 심리학 범주에 넣지 않았으나 최근에는 영성적인 주제들이 인간의 삶에서 중요하다는 인식이 확산되면서 자아초월심리학이 심리학의 중요한 한 분야로 인식되고 있다.

상담에서 다루는 심리학은 응용심리학applied psychology이라고 할 수 있는 바, 그 심리학이 치료에 응용되고 적용되어야 한다. 그렇다면 자아초월심리학도 치료 내지는 치유에 응용될 수 있어야 한다. 이런 문제는 상담자의 과제이긴 하지만, 나는 자아초월심리학을 명상에서 바라보며 자아치유(self-healing)와 자아실현(self-actualization) 그리고 성장을 위한 주제로 성찰해 왔다.

나는 자아초월심리학 중에서도 로베르토 아싸지올리Roberto Assagioli의 정신통합psychosynthesis 이론은 특히 명상의 주제로 매우 중요하다고 생각한다. 왜냐하면, 정신통합 이론은 명상하는 사람들이 탐구하는 마음의 본질에 대하여 잘 설명해주고 있을 뿐만 아니라 모든 병리적 정서의 치료에 매우 좋은 도구가 되기 때문이다.

나는 오랜 기간 명상을 해오면서 명상을 수련하는 수많은 사람을 만날 기회가 있었다. 어떤 명상가들은 마음공부가 잘 돼 있어서 자리를 같이 하여 대화를 나누어 보면 따뜻함과 영성의 깊이를 느낄 수 있었다. 그들은 물같이 바람같이 자유스럽고 평화스러운 영혼의 소유자들이었다. 그러나 또 어떤 사람들은 명상을 수련하는 열정은 있었으나 다소 거칠고 독선적인 사람들도 있었다. 나는 좀 의아할 때가 많았다. 명상을 한다는 사람이 왜 저렇게 거칠고 독선적이고 공격적일까?

나는 그들이 자신의 내면에 있는 문제들을 해결하지 못한 사람, 즉 자신의 마음의 상처를 치유하지 못한 사람이라는 사실을 발견했다. 나 자신도 나의 무의식에 도사리고 있던 마음의 상처가 발동하면 나도 모르게 거칠어지고 공격적이 될 때가 많다. 명상하는 사람은 먼저 자신의 상처를 발견하고 치유해야 한다. 명상을 단순한 기술적인 도구로만 생각하면 안 되는 이유이다.

아싸지올리의 정신통합은 사람들이 자신을 발견하고 영성을 성장시킬 수 있는 매우 좋은 도구이다. 영성이 성장하면 치유는 자연스럽게 따라온다.

이런 관점에서 이 글에서는 자아초월심리학이란 무엇인가 하는 문제와 자아초월심리학에서 중요한 한 부분을 차지하고 있는 정신통합psychosynthesis에 대해서 살펴보고자 한다.

I. 자아초월심리학이란 무엇인가

서양의 근대 가치관의 근간이 되어왔던 합리주의, 환원주의, 개인주의, 객관주의, 기계론적 세계관(mechanistic world view) 등이 가지고 있는 한계성에 대해 재검토가 이뤄지고 있는 과정에서 1989년에 '자아초월적 정신의학 – 이론과 실제'라는 제목으로 미국 정신의학회 연례 학술대회에서 자아초월심리학이 의과대학 정신과 학생들의 공식 교육과제로 채택되면서 자아초월심리학에 관심이 집중되었다.

심리학사史에서는 시대적으로 큰 영향력을 발휘했던 정신분석학파를 제1 심리학, 행동주의학파를 제2 심리학, 인본주의학파를 제3 심리학 그리고 자아초월심리학은 제4 심리학으로 불리고 있는데, 영성 혹은 영성 수련에서 다루는 내용과 본질을 같이 함으로 자아초월심리학은 영성심리학으로 불러도 무방하다.

정신분석을 기본으로 하여 진행되는 기존 심리치료에서는 정신병리에 너무 치중하여 인간의 영성적인 측면을 간과하고 있는데 이는 전인치유로는 부족하다고 자아초월심리학은 주장한다. 자아초월심리학은 심리치료가 한계에 부딪칠 때 영성적인 치유가 심리치료를 보완하여 좀 더 온전한 치유를 만들어낼 수 있다는 것이다. 자아초월심리학은 성격상 영성심리학이라고 할 수 있는 것으로서 그것이 중요하게 다루고 있는 내용들은 어떤 것들인지 살펴볼 필요가 있다.

1969년부터 발행하였던 *Journal of Transpersonal Psychology: JTP*자아초월심리학 저널에서 다루었던 분야를 살펴보면 다음과 같은 주제들이 있다(정인석, 『트랜스퍼스널 심리학』. 2003. 312).

초욕구meta need(매슬로우의 용어로서, 진 · 선 · 미 그리고 자기초월 등 존재가치를 추구하는 욕구), 궁극적 존재ultimate Being, 절정경험peak experience, 황홀감ecstasy, 신비경험mystical experience, 더 할 수 없는 행복감bliss, 경외awe, 경이로움wonders, 일치감oneness, 영성spirituality 우주의식cosmic consciousness, 초월현상transcendental phenomena 등등이다.

이상의 주제들은 모두 명상을 하면서 성찰하는 주제들이다. 심리학도 마음을 탐구하는 학문이고, 명상도 마음을 성찰하는 수련이다. 심리학을 공부하는 사람들이 명상을 하면 좀 더 진지하고 깊이를 더해 갈 수 있고, 명상을 수련하는 사람들이 심리학을 공부하면 마음의 역동에 대하여 좀 더 분명한 지식과 넓이를 가질 수 있다.

그래서 나는 심리학이나 상담학을 공부하는 사람은 반드시 명상해야 하고, 명상하는 사람은 반드시 심리학을 공부해야 한다고 주장해 왔다.

자아초월심리학은 영성적 내용을 다루고 있는 서구 심리학자들과 1960년대 미국에서 일어났던 히피운동과 반문화운동counter-culture movement, 환원주의에 대항하는 전체론적인holistic 세계관, 인간성개발운동, 생태학적 운동, 생태여성론ecofeminism, 힐링 등 다양한 운동이 포함되어 있다. 특히 힐링에 관해서는 동양의 요가와 명상, 깨달음에 관해서는 불교의 위빠사나와 선禪명상을 받아들여 다루고 있다(정인석, 2003. 19-20).

인간은 나는 누구인가, 나는 어디서 와서 어디로 가는가, 삶에는 무슨 의미가 있는가, 죽음이란 무엇인가 등등의 질문을 하는 유일한 동물이라고 할 수 있는데, 이런 질문에 답을 얻지 못하면 마음의 깊은 곳에 실존적 욕구불만(existential frustration) 혹은 실존적 공허감(existential vacuum)이 생긴다.

자아초월심리학은 주로 이런 마음과 감정의 역동성을 다루는 학문이다. 기존 심리학에서는 이런 주제들은 너무 추상적이고 과학적이지 못하다 하여 기피해 왔지만, 인간의 영성이 중요한 문제로 떠오른 현대에는 이런 주제들이 단순히 종교적 영역 안에서만 머물러 있어서는 안 되고 심리학에서도 중요한 문제로 다루어야 한다고 하여 자아초월심리학이 각광을 받게 된 것이다.

II. 자아초월심리치료

현대의 심리치료는 프로이트Sigmund Freud의 심층심리학으로부터 출발했다. 그러나 프로이트의 정신분석학적 심리치료만으로는 치유가 쉽지 않은 욕구와 소망과 아픔도 있다. 정신과 의사인 김정일은 『아하, 프로이트』라는 책에서 다음과 같은 말을 한다.

> 이렇게 매일같이 진료실에 한 시간씩 틀어박혀 아동기 감정 양식만을 찾고 교정하느니 차라리 큰스님으로부터 화두를 하나 받고 속으로 되씹으며 열심히 현실의 삶으로 뛰어드는 것이 더 낫지 않을까? 특히 요즘같이 발 빠른 적응이 요구되는 세상에서는… 그래서 나는 요즘 아동기가 성인기를 결정한다는 프로이트 이론보다는 이런 제언에 골몰하고 있다. 사람은 순간마다 새롭게 태어난다고…."

사람이 새롭게 태어난다는 것은 어떤 깨달음이나 각성에 의해서 가능한 일이니, 이 말은 치료의 방법만이 아니라 오히려 치료의 근본적인 원리를 의미하는 것 같다. 그렇다면 그가 함축하는 바는 자아초월심리학에서 말하는 자아초월심리치료transpersonal psychotherapy와 맥을 같이 하는 말이다.

정신의학회와 심리치료학회 등에서는 자아초월심리학을 제4의 힘으로 출현한 심리학이라고 말하는데, 자아초월심리학에서는 앞에서 말한 것처럼 인간의 초욕구, 궁극적 가치, 절정경험, 황홀한 무아지경, 신비 경험, 영성, 우주적 마음의 자각, 초월 현상, 궁극적 마음 등을 다루고 추구한다.

궁극적 마음이란 깨달은 상태를 말함인데, 깨달음은 우주적 의식(universal consciousness)을 지각함으로써 이르게 되는 경지이다. 종교의 핵심은 이 궁극적 마음을 획득해서 인간의 모든 문제를 그 근원으로부터 해결하려고 하는 것이다. 그리고 이것은 궁극적 치유라고 할 수 있다.

심리치료를 넘어서는 영성치유에 대한 클라인벨과 부어스타인의 경험에 대한 말을 살펴보자.

미국 기독교 상담학의 대가이며 심리치료사인 하워드 클라인벨은 정신통합 훈련을 받은 다른 한 심리치료사에게 상담을 받은 적이 있는데, 그때까지 풀리지 않던 슬픔과 분노의 단단한 덩어리가 보다 높은 자아(higher-self), 즉 인간의 내부에서 인간이 온전한 전체가 되는 그곳과 접촉했을 때 차가운 응어리가 녹는 것을 느꼈다고 고백하고 있다. 정신과 교수인 부어스타인Seymour Boorstein은 "자아초월적 수행은 곧 명상수행"이라고 말하면서 다음과 같이 말했다.

> 나의 명상수행은 내가 수련 받았던 오랜 기간의 개인 정신분석적 방법으로 해결하지 못했던 어떤 심리적인 갈등을 설명하고 해결해 주었다.

　　심리치료사인 클라이벨이 풀리지 않던 슬픔과 분노의 단단한
덩어리가 보다 높은 자아와 만났을 때 차가운 응어리가 녹는 것을
느낀 것이나, 부어스타인이 정신분석적 방법으로 해결되지 않았
던 어떤 심리적 갈등을 명상수행으로 해결했다는 것은 결국 같은
성질의 이야기이다. 이렇게 보면 김정일이나 클라인벨 그리고 부
어스타인이 말하고 있는 것은 모두 자아초월심리치료에 대해 말
하고 있는 것이라고 할 수 있는데, 자아초월심리치료는 영성적 차
원의 치유이며 이것은 모두 명상을 통하여 이루어지는 치유라고
할 수 있는 것이다.

　　스무 살의 젊은 나이에 암으로 세상을 떠난 매튜라는 청년이
있었다. 그는 병원에 입원해 있을 때 난폭한 사람으로 소문나 있었

다. 그는 자신이 젊은 나이에 치명적인 병에 걸려 죽어야만 한다는 사실에 분노하고 당황하여 감정을 조절할 수 없었다. 어떤 상담도 도움이 되지 않았다. 그런데 어느 날 그는 벽을 향하여 앉아서 식음을 전폐하고 며칠을 꼼작 않고 있다가 다음과 같은 짧은 시詩를 한 편 썼다.

> 태양이 없으면 우리는 무지개를 가질 수 없지.
> 비가 없어도 우리는 무지개를 가질 수 없어.
> 아, 태양과 비, 웃음과 고통.
> 그것들이 함께 어울려 무지개를 만드는 거지.

여기서 무지개는 우리의 인생을 의미하고, 태양은 삶의 긍정적인 면을, 비는 삶의 부정적인 면을 의미한다고 볼 수 있다. 그러니까 인생은 밝고 긍정적인 면만 있는 것이 아니고 긍정적인 면과 부정적인 면이 함께 섞여 이루어져 있다는 뜻이다. 이것은 매우 상식적인 이야기지만, 이 사실을 머리로 알고 있는 것과 마음으로 깨닫는 것은 엄청난 차이가 있다.

마음으로 깨달으면 영성은 성장하고 치유를 경험할 수 있다. 매튜는 그 사실을 깨닫고 치유를 경험했다. 그는 깨달음으로 마음의 평화를 얻어 병과 죽음까지도 받아들였고 자기를 돌봐주는 의료진에게 감사하고, 다른 환자들에게 봉사하며 살다가 이 시를 쓰고 10개월 후에 세상을 떠났다. 그는 깨달음으로 죽음을 초월하여 밝게 살다가 세상을 떠났던 것이다.

매튜는 비록 암에서 회복되지는 못했지만 암이라는 병으로 인해 생긴 마음의 상처로부터는 치유를 받았다. 이것은 자아초월심리치료라고 부를 수도 있고, 영성치유라고 부를 수도 있으며, 명상치유라고 말할 수도 있다. 모두 같은 성질의 치유인 것이다.

나는 가끔 상담자들로부터 명상으로 어떻게 상처받은 정신을 치료할 수 있느냐는 질문을 받곤 한다. 상담자가 의미 있게 살펴보아야 할 것은 삶과 죽음 그리고 의미의 상실 같은 영성적인 문제는 심리치료로는 한계가 있고, 마음을 닦아 깨달음으로 치유할 수 있다는 사실이다.

그러면 어떻게 마음을 닦고 영성을 수련할 것인가 하는 문제가 있다. 마음을 닦고 영성을 수련할 수 있는 가장 좋은 방법은 명상瞑想, meditation이다. 그러므로 상담자, 심리치료사, 정신과 의사, 나아가서는 비단 이들 전문가들뿐만 아니라 모든 사람들은 반드시 명상해야 한다.

명상으로 성장하여 먼저 자신을 치유하고(self-healing), 또 다른 사람도 치유될 수 있도록 도와야 하는 것이다. 이것이 가치 있는 삶이 아닐까?

III. 정신통합이란 무엇인가

정신통합은 자아초월심리학에서 중요한 심리학자 중의 한 사람인 로베르토 아싸지올리(1888~1974, 이탈리아 출신의 유대계 심리학자이며 정신과 의사)의 심리치료 이론이다.

정신통합은 정신분석psychoanalysis에 대응한 개념이다. 정신통합의 목표는 개인의 모든 의식과 기능과 특성을 조화 내지 통합시켜 하나의 큰 전체로서의 기능을 할 수 있도록 하는 것이다. 정신통합의 최대의 특징은 정신분석이나 행동주의에 결여되어 있는 전체로서의 기능을 통합적으로 발휘할 수 있는 마음, 즉 의지의 힘에다 중심을 두고 있다. 그래서 정신통합은 '의지의 심리학psychology of will'이라고 불리기도 한다. 그러나 정신통합은 정신분석을 전적으로 부정하는 것이 아니라 확대가 그 목표였다.

정신통합이 추구하는 바는 먼저 자기를 치유하고(self-healing), 자기치유에서 자아실현(self-actualization)으로 그리고 나아가서는 자아실현에서 자아초월(self-transcendence)로 나아가는 것이다. 명상은 마음공부로 영성을 성장시키고, 영성의 성장으로 치유를 경험하며, 마침내는 자아초월의 경지에 도달하고자 하는 것인데, 이것은 정신통합이 추구하는 것과 완전히 일치하는 것이다.

1. 아싸지올리의 정신의 구조도식

아싸지올리의 정신의 구조도식(diagram of the human psy-che)은 의식을 일곱 개의 요소로 구분하여 정신의 구조를 도식화한 것이다.

명상에서 마음을 바라볼 때는 보통 마음을 두루뭉술하게 바라보는 경향이 있다. 그러나 심리학의 도움을 받아 마음을 바라보면 마음을 좀 더 구체적으로 명확하게 파악할 수 있다.

특히 아싸지올리의 정신의 구조도식은 마음공부를 하는 명상가들에게는 매우 중요하다. 아싸지올리의 의식의 구조를 공부하면서 지금 '나'라고 생각하는 '나'는 '참된 나'가 아니며, 보다 높은 차원의 '나'가 있다는 사실을 알게 된다. 그리고 그런 보다 높은 차원의 '나'가 '참된 나'라는 사실을 깨닫게 된다. 그런 보다 높은 차원

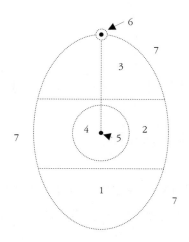

1. 낮은 무의식
2. 중간 무의식
3. 높은 무의식 또는 초의식
4. 의식 영역
5. 의식적 자기 혹은 "나"
6. 높은 자기
7. 집단무의식

의 '나'를 중심으로 나의 생각과 감정을 통합하여 바라보면 성장과
치유가 일어나고 나아가서는 자아를 초월하는 경지를 경험할 수
도 있는 것이다. 처음에는 이게 무슨 말인지 이해가 잘 안 갈지도
모르겠다. 이제 아싸지올리의 정신의 의식구조에 대한 설명을 하
나씩 듣다 보면 '아하!' 하고 이해가 갈 것이다.

1) 하부 무의식(lower unconscious)

하부 무의식에는 뿌리 깊은 원시적 충동이나 강력한 욕망, 폭
력성과 공격성 등이 강하게 자리 잡고 있다. 또한 콤플렉스와 열등
감, 공포증, 강박증, 유치한 자존심, 피해망상증과 의심, 질투와 비
난 등의 병리적인 현상의 뿌리가 도사리고 있다. 의지가 제대로 발
달되어 있지 않을 때는, 인간이란 무의식의 어두운 격류에 실족하
거나 억지로 떠내려가게 된다.

❖ 명상의 마음공부로 이런 하부 무의식의 유치하고 폭력적인 요
소들을 상부 무의식에 연결하는 통합을 이룰 수 있다.

2) 중간 무의식(middle unconscious)

중간 무의식이란 즉시 상기시킬 수 있는 심리적 요소가 있는
의식을 말한다. 부분적으로는 프로이드의 전의식preconsciousness과

비슷한 개념이다. 예를 들면, 농부가 일을 할 때는 밭을 가는 일에 몰두하여 아내가 싸준 도시락은 의식에서 사라졌지만 배가 고프면 그 도시락이 다시 의식에 떠오르는 그런 의식의 영역이다. 일상적인 경험은 일단 이 영역에 흡수되며, 다시 한번 의식화되기 전에 은밀한 무의식에 의해 영향을 받아 전개되고 변형되기도 한다.

문제가 되는 것은 기억이 때로는 자기에게 편리한 쪽으로 왜곡되어 전개된다는 점이다.

3) 상부 무의식 또는 초의식(higher unconscious or super-unconsciou)

상부 무의식은 초월적 의식 혹은 보다 높은 자아가 존재하는 영역의 무의식이다.

예술, 철학, 과학, 윤리의 세계에서 발견되는 심미적, 윤리적, 종교적 차원의 영감inspiration, 직관, 무조건적인 사랑, 자비심 등 가치가 높은 정신적 활동이나 놀랄만한 영성적spiritual 혹은 신비적 의식 에너지가 잠재되어 있는 의식이다. 아싸지올리는 상부 무의식 속에 존재하는 이런 고차원적인 의식들도 하부 무의식의 성적 충동과 공격적 충동만큼이나 자연스러운 것이며, 이런 요소들도 또한 성장하기를 갈구하고 있다고 말한다.

❖ 정신통합의 특징과 가치는, 의식에는 이와 같은 영역이 있음을

깨닫고 그 내용을 정리해서 이론화하여 다시 이를 체험하고 개
발하여 퍼스낼러티의 통합에 필요한 각종 기법을 탐구해 가는
것에 있다.

4) 의식 영역(field of consciousness)

의식 영역이란 지금 여기에서 생각과 말과 행동을 일으키고,
감정을 느끼고 지배하고 조절하는 마음, 즉 현재의식이 존재하는
영역이다. 이것은 감각, 이미지, 사고, 욕망, 충동 등의 끊임없는
흐름으로 나타난다. 우리는 보통 때는 이를 잘 의식하지 못하지만,
마음의 고요를 이루어 바라보면 마음의 흐름의 표면에 연달아 일
어나고 있는 물결과 같은 의식의 여러 요소의 변화와 이동을 깨닫
게 된다.

우리는 이때 마음에서 일어나는 여러 가지 생각과 감정의 흐름
과 우리 자신을 동일시identification하게 된다. 그러나 이것은 진정한
의미의 '나'는 아니다. 비유하자면, 스크린에서 다양한 영상이 움직
여도 스크린 그 자체는 스크린에 비치는 영상과는 별개인 것처럼,
의식의 흐름은 진정한 '나'가 아니며, 순수한 자각의 주체인 진정한
의미의 '나'는 스크린과 같은 것이다. 그런데 우리는 보통 이것을
잘 구별하지 못한다. 왜냐하면, 우리는 우리의 의식의 흐름과 우리
자신을 동일시하여 함께 흘러가기 때문이다. 함께 휩쓸려 떠내려
가고 있다는 사실조차도 의식하지 못할 때가 대부분이다. 정신통

합에서는 의식의 여러 요소의 흐름과 우리 자신을 동일시하는 것
으로부터 벗어나서 그것을 객관적으로 보는, 즉 의식의 흐름과 우
리 자신을 명확하게 구별하는 '탈동일화disidentification'를 강조한다.

사실 의식의 흐름과 자신을 동일시하는 데에 익숙한 사람들에
게 탈동일화는 고통스런 과정이다. 탈동일화 라고 하는 정체성의
이행을 위해서는 강력한 의지(자유)가 필요하다.

> 마음챙김 명상(mindfulness)에서 의식이나 감정의 흐름과 자
> 기 자신을 탈동일시 하는 훈련을 할 수 있다. 우리는 마음을 근본
> 으로 하여 사물을 보고, 느끼고 하지만 마음 자체는 잘 보지 못하
> 는 경향이 있다.

마음챙김은 사물을 보고 있는 그 마음을 보는 훈련이다.

5) 의식적 자기(conscious self) 또는 '나'(I)

의식의 영역에서 의식의 내용은 계속해서 바뀌지만, 순수한
자각의 주체인 '나'는 계속해서 바뀌는 의식의 흐름과는 별도로 존
재한다. 앞에서 말한 것처럼 순수한 의식인 '나'는 스크린과 같고,
지금 나에게 일어나는 생각이나 감정은 스크린에서 흐르고 있는
영상 같은 것이다.

아싸지올리는 본래의 순수한 자각의 주체인 '나'를 '의식적 자

기'라고 부른다.

여기서 내가 주목하고 있는 것은, 의식의 스크린에 흐르는 생각
이나 감정은 한 개인에게 있어서도 시시각각 변하지만, 사람에
따라 스크린에 흐르는 생각이나 감정은 독특한 내용이라는 것이
다. 그 사람이 어떠한 존재인가 하는 점에 따라서 생각이나 감정
은 독특성을 가진다.

예를 들어, 긍정적인 사람은 의식의 스크린에 주로 긍정적인 생
각이나 감정이 흐르고, 부정적인 사람은 주로 부정적인 생각이
나 감정이 의식의 스크린에 흐른다. 나는 이것을 '만들어진 자기'
라고 부르고자 한다. 사람은 태어나면서부터 상처와 고통, 폭력,
좌절, 통제, 위험, 경쟁 등등의 경험을 하면서 성장해 가는데, 이
런 경험이 한 개인을 독특한 존재로 만든다. 그리고 사람들은 그
런 존재를 자기 자신이라고 생각하는데, 사실 이것은 참자아가
아니라 '만들어진 자기'인 것이다.

6) 보다 높은 자기(또는 초월적 자기, higher-self, 혹은 trans-personal-self)

인간에게는 의식적인 자기와 만들어진 자기와는 다른 차원의
자아가 있다. 이 자아는 보다 고귀하고 보다 고상한 어떤 것을 추
구하는 자기이다.

개인의 욕망이나 한계를 초월하고자 하는 영성적 차원의 자아라고도 할 수 있는 것이다. 초월적 자기는 두려움이나 걱정 근심이 없고, 사랑과 자비심으로 가득 차 있어서 포용적이며, 생명지향적인 속성을 가지고 있는 '나'이다.

7) 집합적 무의식(collective unconscious)

아싸지올리가 말하는 집합적 무의식은 융이 말하는 집합적 무의식과 비슷하다. 즉 신화, 종교, 예술 등에서 나타나는 인류가 공통적으로 가지고 있는 무의식이다.

> 아싸지올리는 상부 무의식 속에 존재하는 심미적, 윤리적, 종교적 경험들, 직관, 영감 그리고 신비적 의식들은 하부 무의식의 성적 충동과 공격적 충동만큼이나 자연스러운 것인데, 이런 영성적 요소들도 성장하기를 갈구하고 있다고 말한다.

인간은 의심, 질투, 폭력, 비난 등등의 수많은 하부 인격들을 가지고 있다. 그런데 인간이 현재 의식의 '나', 즉 '만들어진 나'의 관점에서 이런 하부 인격들을 보고 있는 한 변화와 치유는 있을 수 없다. 보다 높은 자아의 의식에서 이런 하부 인격들을 바라볼 때 비로소 그 속성들이 보이고 변화와 치유가 가능하다.

현재 의식의 '나'의 눈으로 보는 세상의 모든 것을 '보다 높은 자아'의 눈으로 보면 치유가 일어나는 것이다. 문제는 어떻게 상부무의식 속에 존재하는 보다 높은 자아를 인식할 수 있느냐 하는 것이다. 이것은 명상을 통해서 가능하다. 명상 속에서 자신의 깊은 내면으로 들어가 자신의 맑고 깊은 영성과 만나면 보다 높은 자아를 인식하게 된다.

보다 높은 자아는 신神이라고 불리는 영적 실체와의 융합과 자연과의 통합도 이루어 낸다. 초월적인 실체와의 친교 내지는 일체감을 이루어 나가면 더할 나위 없는 기쁨을 경험하게 되는데, 이것은 곧 치유이다.

심리치료가 수평적인 치유라고 한다면, 신神이랄까, 혹은 우주적 정신이랄까, 좌우간 보다 위대한 어떤 존재나 내면에서 보다 높은 자아를 만나 치유가 이루어지는 것은 수직적인 치유라고 할 수 있다.

2. 정신통합의 목표와 치유

아싸지올리는는 신경증neurosis이나 정신병psychosis의 환자만이 아니라 평균적인 정상인도 심적인 각 영역과 여러 요소가 통합되어 있지 않으면, 즉 정신통합이 되어 있지 않으면 근본적으로는 이를 질병으로 보았다.

이렇게 보면, 낮은 자존감, 용서하지 못하는 마음, 극단적 보수주의자와 진보주의자, 영성이 결여된 종교인, 지나친 자기방어기

제에 빠져 있는 사람, 의미를 찾지 못해 자유와 만족을 맹목적으로 추구하려는 사람, 정의와 비난이 사실은 욕구불만의 교묘한 변장인 사람 등도 정신적 혹은 영성적인 질병을 가지고 있는 사람이라고 봐야 한다.

이런 점에서 아싸지올리의 문제의식은 비정상과 질병 상태를 평균적인 정상과 건강 상태로 회복시켰던 종래의 정신의학이나 임상심리학의 범위를 월등히 넘어서고 있다. 그는 영성과 트랜스퍼스널한 영역을 의식구조에 있어서 뿐만 아니라 치료 과정에 있어서도 강조하였으며, 초의식과 집합적 무의식의 개념을 반영시켰다.

정신통합의 목표와 관련하여 정신통합 이론의 핵심 사항을 정리해보면 다음과 같다.

1) 아싸지올리는 자기치유만이 아니라, 자아실현과 자아초월을 이루는 수준까지를 정신통합의 목표로 삼았다. 이것은 심리적인 측면과 함께 영성적인 측면까지를 포함하는데, 정신통합은 다음의 세 측면의 차원에서 이루어진다.

첫 번째는 개인적 통합(personal synthesis)이다.

우리에게는 의식적 자아 주변에서 갈등하고 있는 하부 인격체들이 있다. 이 하부 인격체들이란 질투, 두려움, 의심, 비열함, 비꼬기 잘하는 인간, 놀기 좋아하는 꼬마, 광대, 폭력, 몽상가, 가르치기 좋아하는 선생 등등이다.

개인 통합은 보다 높은 자아를 통합의 중심으로 놓고 이런 하부 인격체들을 통합하는 것이다. 이 하부 인격체들을 보다 높은 자아를 중심으로 잘 이해하고, 받아들이고, 친하게 되면, 성장 지향적으로 표출하는 방법을 개선하게 된다.

예를 들면, 다른 사람을 질투하여 공격하는 자신의 모습을 인식할 때, 그런 자신을 비난하거나 자기연민에 빠지기 보다는, '아, 나의 상처받은 어린 자아가 질투하여 흥분하고 있구나…' 하면서 그를 포옹하며 토닥여준다. 그리고 그 어린 자아에게 말한다. "너의 본래 모습은 죄 없는 사람을 질투하여 비난하기에는 너무 큰 정신이다. 너의 상처가 질투하여 비난하고 있는 것이다." 이런 방식으로 보다 높은 자아가 하부 인격을 통합하면 영성이 성장하고 치유에 이르게 된다.

두 번째는 영성적 통합(spiritual synthesis)이다.

영성적 통합도 보다 높은 자아를 통합의 중심으로 놓고 상부 무의식의 영적 중심인 자아 주위를 통합하는 것이다. 이 과정은 성격의 초월의식적 잠재력들인 의미, 가치, 사랑, 이타주의, 심미적, 과학적, 영적 창조성에 대한 능력을 실현하고자 하는 것이다. 이 영적 성장에는 힘도 들지만 또한 기쁨도 수반한다.

아싸지올리는 기본적인 욕구가 충족되었을 때 오는 기쁨pleasure도 있지만 고차원적인 욕구의 만족에서 오는 즐거움joy도 있다고 설명한다.

　세 번째는 자아초월적 통합(transpersonal synthesis)이다.

　자아초월적 통합은 다른 개인, 하느님, 신神, 절대자, 우주적 정
신이라 불리는 영적 실체와의 융합이나 자연과의 통합 혹은 조화
를 말한다. 초월적인 실체와의 친교 내지는 일체감을 포함하여, 초
개인적인 자아실현을 이루어 나가게 되면, 지복至福, bliss이라 불리
는 경지에 이르게 된다.

　2) 아싸지올리의 정신통합 이론은 전인적인 관점에서 치료와
성장에 접근하는 방법인데 성장 지향적이고 영성 지향적이다.

　3) 정신분석과 심층심리학의 병리 증세는 인간 이해를 심화시
키고 넓혔지만, 이것을 일반화하여 정상적인 심리상태를 가진 사
람에게도 무분별하게 적용하는 것은 문제가 있다. 정상적인 심리
상태를 가진 사람의 정신과 영성의 문제는 정신통합 요법으로 성
장시켜야 한다.

　4) 정신통합은 자신의 삶을 보다 높은 수준에서 통합시킴으로
써, 성장하려는 인간의 자연적인 욕구를 긍정한다. 이런 욕구가 충
족되면 치유가 일어난다.

5) 현재 의식 속의 '나' 혹은 '자아_{ego}'는 우리의 궁극적인 정체성이 아니다. 초월적이고 모든 것을 수용하는 진정한 자아(보다 높은 자아 혹은 초월적인 자아)를 우리 존재의 통합된 중심으로 만드는 것이 정신통합의 1차적인 목적이다.

6) 심미적, 윤리적, 종교적 경험들 그리고 직관, 영감, 신비적 의식 등의 영적 성장의 욕구는 하부 무의식의 욕구만큼이나 강하고 자연스럽다.

7) 정신통합에서는 치유를 위하여 수많은 기법을 사용하지만 그중에 탈동일화_{disidentification}는 하나의 중요한 기법이다.

인간의 사고, 감정, 행동유형 그리고 성격 성향 등은 자신의 유전적 요소 외에 다른 사람의 것을 알게 모르게 받아들여 자신의 것으로 만들어 형성된 것이다. 그러나 이것은 본래 우리의 모습이 아니다. 아사지올리는 자신의 사고와 감정 그리고 행동유형과 성격유형 등과 이를 관찰하는 자기와는 다르다고 하는 의식화를 해야 하는데, 그는 이것을 탈동일화_{disidentification}라고 불렀다.

예를 들면, 탈동일화를 하기 위하여 다음과 같은 말을 자신에게 해본다.

"내게는 감정이 있다. 그 감정은 나의 일부이긴 하지만 나는 감정 그 자체는 아니다."

"내게는 욕망이 있다. 그 욕망은 나의 일부이긴 하지만 나는 신체
적, 정서적인 충동이나 외부 영향을 받아 일어나는 욕망 그 자체
는 아니다."

"내게는 지력이 있다. 그러나 나는 지력 그 자체는 아니다."

"나는 우울하다. 지금 그 우울은 나의 일부이긴 하지만 나는 우울
감 그 자체는 아니다."

"진정한 나와 감각, 정서, 욕망, 사고 등의 나의 의식 내용을 탈동
일화 함으로써 나는 자기가 순수한 자기의식의 중심이라고 하는
것을 인식한다."

8) 정신통합의 또 하나의 중요한 기법은 내면의 스승과의 대
화이다.

자신이 탐구하고 있는 내용이나 고민하고 있는 문제들을 마음
속에 있는 스승과의 대화를 통해서 답을 얻어 내는 방법을 아싸지
올리는 내적 대화의 기법(technique of inner dialogue)이라고 하
였다. 그런데 사실 마음속의 스승이라는 것은 깨달음이 축적된 하
나의 의식이다. 그러므로 어떤 깨달음이 의식 속에 축적되어 있느
냐 하는 것이 매우 중요하다. 바른 깨달음, 생명지향적인 깨달음은
바른 명상 수련으로 가능하다.

IV. 정신통합을 명상치유에 응용하기

이제까지 살펴본 정신통합의 원리를 이론적으로 이해하는 것은 그다지 어렵지 않다. 그러나 정신통합의 원리를 이론적으로만 이해하고 끝난다면 성장과 치유는 일어나기 어렵다. 정신통합으로 성장과 치유를 이끌어내기 위해서는 정신통합의 원리를 완전히 나의 의식 속으로 녹아들어 오게 만들어야 한다. 이것을 가능하게 만드는 가장 좋은 도구는 명상이다. 치유에 응용할 정신통합의 원리를 다시 정리해보면 다음과 같다.

나의 마음에 떠오르는 생각과 감정들은 지금 이순간 나의 일부인 것은 확실하지만 나의 본질은 아니다. 그것들은 나의 순수한 의식에서 흘러가는 하나의 흐름일 뿐이다. 그것들은 하얀 스크린 위를 비추며 흘러가는 영상과도 같은 것이다. 의식에 떠올라 흘러가는 생각과 감정들을 거리를 두고 한 걸음 뒤로 물러서서 객관적으로 바라보라.

객관적으로 바라보는 '나'는 보다 높은 자아로 형성된 정체성을 가지고 있어야 한다. 나의 정체성을 보다 높은 자아로 만들어서 우리의 생각이나 감정 그리고 상처 등을 바라볼 때 우리는 성장할 수 있고 치유될 수 있다. 현재 의식의 '만들어진 나'의 눈으로 세상을 바라보고 있는 한 치유는 일어나지 않는다.

학력에 대한 열등감으로 고통을 당하고 있는 A라는 어떤 청년이 있다. 그는 외모도 준수하고 부유한 부모가 있어 경제적으로도

명   상

—윤종모 주교—

명상은 마음을 집중하여
고요히 생각하는 것이며,
깊이 생각하는 것이며,
마음을 비우고 사물을 바라보는 것이다.

그러면서

자기 자신을 온전히 알아가는 것이며,
치유를 경험하고, 마침내는 신의 마음과
눈으로 세상을 보는 것이다.

부족함이 없다. 그러나 그는 수능시험 성적이 좋지 않아 소위 3류 대학에 들어갔다. 그는 자기가 다니는 대학 이야기만 나오면 스트레스로 손도 마비되고 말도 더듬는다. A는 학력을 최고의 가치로 여기는 주위 환경 속에서 자라났기 때문에 학력에 대한 비합리적 생각과 정서를 가지고 있다.

"나는 존재 가치가 없어. 이런 비참한 모습으로 누구를 떳떳하게 만날 수 있겠어? 아마 멋진 여성도 만날 수 없을 거야. 여자 친구를 만나더라도 속으로는 나를 무시하고 깔보겠지?"

이런 생각이 A가 '만들어진 나'의 눈으로 보는 자신에 대한 평가이다. 이런 눈으로 자신을 보고 있는 한 A는 치유되기가 어렵다.

그러나 A가 거리를 두고 객관적으로 '보다 높은 자아'의 눈으로 자신의 열등감을 보면 치유의 가능성이 열린다.

"아, 나의 상처받은 어린 자아가 열등감으로 고통스러워하고 있네. 열등감이란 뭐지? 열등감이란 사실 허상이 아닌가? 공부를 잘 해서 좋은 대학에 다니고 있지만 가난 때문에 열등감에 시달리는 사람들이 얼마나 많은가. 공부도 잘하고 돈도 많지만 자신의 작은 키와 못난 외모 때문에 열등감에 빠져있는 사람들은 또 얼마나 많은가.

결국 열등감이란 주위의 가치관 때문에 나에게 심어진 허상일 뿐이다. 사람은 모두 다 다르다. 키가 큰 사람도 있고 작은 사람도 있다. 공부를 잘하는 사람도 있고 못하는 사람도 있다. 부자도 있고 가난한 사람도 있다. 운동을 혹은 노래를 잘하는 사람도 있고 못하는 사람도 있다. 사람은 모두 다 다르다.

다름과 차이를 우월과 열등으로 구분하는 것은 인간의 어리석음이 만들어 놓은 구분이다. 그러므로 우월과 열등은 실체가 없는 허상일 뿐이다. 그런데 이런 허상 때문에 고통스러워하는 것은 얼마나 어리석은 일인가."

우울증을 하나 더 예로 들어보자.

우울증과 우울한 기분은 구별해야 한다. 모든 사람은 살면서 우울한 기분을 느낄 때가 있다. 우울한 기분이 잠깐 나타났다가 계속되지 않고 사라지면 이것은 정상이다. 그러나 우울한 기분이 몇 주간이고 계속되면서 일상적인 생활에 장애요소가 된다면 이것은 우울증이라고 봐야 할 것이다.

우울증은 왜 생기는 것일까? 우울증은 유전적인 원인도 있을 수 있고, 세로토닌이나 도파민 같은 뇌의 신경 전달물질의 저하 같은 생물학적 원인도 있을 수 있겠지만, 제일 큰 원인은 심리·정서적인 원인일 것이다. 즉 외로움, 고독, 사랑하는 사람의 죽음, 이별, 실직이나 퇴직, 경제적 어려움 등의 스트레스 같은 문제가 우울증의 가장 큰 원인일 것이다.

그런데 외로움이나 사랑하는 사람과의 이별, 죽음 같은 문제를 현재 의식의 '나'의 관점으로만 바라보면 치유가 일어나지 않는다. 왜냐하면, 의식의 스크린에 비추어진 죽음, 이별, 외로움 같은 정서를 자기 자신과 동일시하여 함께 흘러가기 때문이다.

외로움이나 이별, 죽음, 그 외의 어떤 고통스러운 문제라도 보다 높은 자아의 눈으로 객관적으로 거리를 두고 바라보면, 이런 문제는 인간에게 피할 수 없는 문제인데 다만 상처받은 어린 자아가 그런 일로 고통스러워하고 있다는 사실을 깨닫게 된다. 보다 높은 자아를 자신의 정체성으로 삼는 마음의 훈련이 돼 있으면 우울증을 일으키는 그런 심리-정서적인 요인이 근본적인 위협이 되지 않는다. 그러면 우울증에 잘 걸리지 않게 되고, 우울증의 상태로 들어섰다 할지라도 보다 높은 자아의 눈으로 바라보는 순간 우울증에서 비교적 쉽게 빠져나오게 된다.

명상으로 마음수련이 된 사람들은 굳이 아싸지올리의 정신통합 이론을 배우지 않아도 자연적으로 보다 높은 자아로 세상을 보게 된다. 이것은 켄 윌버Ken Wilber가 말하는 '마음의 눈'이며 붓다가 말하는 '깨달은 마음'이라고 할 수 있다.

언젠가 이시형 박사가, "심한 스트레스를 받았을 때 시간에 맡기면 1주일, 운동을 하면 3일, 사랑을 하면 하루, 명상을 하면 즉시 해결된다"라고 말한 것을 기억하는데, 이 박사의 말은 명상을 깊이 한 사람은 마음의 눈 혹은 깨달은 마음을 가지고 있다는 전제하에 이런 말을 했을 것이다.

나는 이런 사실을 나의 경험으로 알고 있다. 나는 어린 시절을 알코올 중독에 빠져 있던 아버지가 집안을 돌보지 않아서 너무나 어렵고 슬프게 보냈다.

나는 고등학교 시절에는 소위 염세주의 철학자라고 하는 쇼펜하우어에 빠져 있었다. 세상 모든 일은 허무한 것인데도 사람들은 그걸 붙잡으려고 애를 쓰다가 실패하면 좌절하고 실의에 빠진다. 이 얼마나 덧없는 일인가! 인생은 마치 연극의 배우와 같아서 셰익스피어의 말처럼, 자기의 연기 차례에는 무대 위에서 고래고래 소리를 지르고 격렬하게 움직이다가 자기 역할이 끝나면 무대 뒤로 사라지고 사람들로부터 곧 잊혀 버린다. 나는 이것이 인생이라고 생각하였다.

이런 허무주의에 빠져 있으니 세상사 모든 것을 부정적으로 보고, 공부할 의욕도 없어서 자연히 우울증에 시달리게 되었다. 대학을 졸업하고 고등학교 교사를 한 2년 동안 하다가, 이런저런 우여곡절 끝에 성공회 사제가 되었고, 캐나다 토론토대학에 유학하여 상담학을 전공하고 대학교수가 되었다.

그런데 문제는 시도 때도 없이 우울증이 찾아오곤 한다는 사실이었다. 심한 스트레스나 좌절을 겪으면 유년 시절의 그 어려웠던 시절의 정서가 나의 의식을 지배하여 꼼짝달싹하지 못하게 만들었다. 그러면 설교도 강의도 하지 못했다. 사제가 설교를 하지 못하고, 교수가 강의를 하지 못하면 그것이 얼마나 힘든 일인지 모른다. 상담을 공부하면서 배운 심리치료로 자아치료self-healing를 해 보았으나 효과가 미미했다.

캐나다 에드몬톤의 성공회 수녀원에 몇 주간 묵을 기회가 있었다. 수녀원 명상 방에서 하루종일 명상에 집중했다. 보다 높은 자아로 나의 정체성을 삼으려고 노력하면서 나의 우울증을 바라보고 또 바라보았다.

어느 날, 아침 식사 후 명상 방에 들어가 하루 종일 침묵명상을 하였다. 저녁 무렵이라고 기억한다. 그런데 명상 중에 가슴이 활짝 열리며 시원해졌다. 말로 표현하기 어려운 평화스러운 마음이 가슴으로 밀려 들어왔다. 아버지의 모습이 보였다. 그러나 아버지는 더 이상 미움이나 원망의 대상이 아니라 연민의 대상으로 다가왔다. 평양에서 내려와 더 이상 가족을 만날 수 없는 외로움에 술을 즐기게 되었고 알코올 중독자가 되어 삶을 탕진한 아버지의 모습에 그를 꼭 껴안았다. 어머니의 모습이 보였다. 남편의 무능으로 무진 고생을 한 어머니에게 미안함과 감사한 마음이 들어 꼭 껴안았다. 힘들고 지친 모습으로 열등감과 우울증에 빠져 있는 나의 상처 입은 어린 자아가 보였다. 나는 그 어린 자아를 꼭 껴안고 등을 토닥여주었다. "두려워하지 마라. 이제 그 우울한 감정에서 벗어나라. 더 이상 그런 우울한 감정이 너를 지배하게 하지 마라. 우리의 본성은 그런 감정을 초월하여 자연의 아름다움과 우주의 신비에 감탄하며 생명을 가진 모든 존재를 사랑하는 그런 큰 존재이다."

나는 명상에서 이런 경험을 한 후부터 열등감이나 우울증에 빠져 강의를 하지 못한 경우가 거의 없었다. 물론 가끔 우울한 감정이 무의식의 저 어두운 구석으로부터 스멀스멀 올라오는 것을 느낄 때가 있기는 했지만, 그럴 때마다 높은 자아로 상처받은 어린 자아를 껴안고 토닥여주면 우울한 기분이 사라졌다.

나는 이런 경험이 있기 때문에 "심한 스트레스를 받을 때 명상을 하면 즉시 해결된다"라는 이시형 박사의 말을 좀 과장되기는 하지만 사실이라고 받아들인다. 그러나 다시 말하지만, 이것은 어디까지나 명상으로 마음공부가 되어 마음의 근육이 건강한 사람, 보다 높은 자아로 자아의 정체성이 이루어진 사람에게나 적용될 수 있는 말이다. 인간은 의심, 질투, 폭력, 비난, 우울 등의 수많은 하부 인격들을 가지고 있다. 그런데 인간이 현재 의식의 '만들어진 나'라는 관점에서 이런 하부 인격들을 보고 있는 한 변화와 치유는 일어나기 어렵다.

우리에게는 보다 높은 자아가 있다. 세상의 모든 것들, 예를 들

면, 삶과 죽음, 명예와 권력, 우주와 자연, 인간관계, 고통 그리고
마음의 상처까지도 보다 높은 자아로 바라보아야 성장과 치유가
일어나고 깨달음을 얻을 수 있다. 우리가 보다 높은 자아를 중심으
로 이 모든 것들을 통합하여 바라보면 모든 것을 긍정적으로 바라
볼 수 있다. 긍정적으로 바라보는 것은 영성적 속성이며 생명의 원
리이다.

보다 높은 자아를 자신의 정체성으로 삼은 사람은 참으로 자
기 자신이 된 사람이다. 매슬로우의 말대로 자아실현 혹은 자아 초
월이 된 사람이다. 이런 사람은 지극히 평화로우며, 열린 마음을
가지고 있고, 세상 만물을 미소로 바라본다.

이런 사람은 세상 만물 가운데 기쁨의 불꽃이 아닌 것이 하나도
없는 경지에 이르게 된다. 예수나 붓다, 노자와 장자가 바로 그런
사람들이다.

아싸지올리는 도교적인 무위자연無爲自然 타입의 사람이나, 기
독교적인 '하나님의 뜻에 맡기는' 타입은 자기 성장의 프로그램을
만들기가 매우 힘들다고 보고 있다.

그런데 명상으로 깨달음을 얻은 사람은 무위자연의 태도를 취
하며 모든 것을 자연의 섭리대로 흘러가도록, 있는 그대로 받아들
인다. 그렇다면 명상과 아싸지올리의 생각은 서로 모순되고 갈등
관계에 있는 것인가?

그렇지 않다. 보다 높은 자아로 모든 것을 통합하는 사람도 무위자연의 태도와 사물을 있는 그대로 수용하는 태도를 가지고 있다. 다만 이런 태도를 가지기 전에 그들은 마음에 대한 탐구를 치열하게 겪은 사람들이다.

"물은 물이고 산은 산이다"라고 할 때, 먼저 의심을 가지고 그 말이 뜻하는 바를 탐구해야 한다. 바닷물도 있고, 강물도 있고, 시냇물도 있는데 그 물들은 다 다르지 않은가? 그러면 어떤 물을 말하는가? 백두산도 있고, 한라산도 있고, 알프스산도 있는데 그 산들도 다 다르지 않은가? 그런데 어떤 산을 말하는가?

이런 식으로 탐구해 들어가다 보면, '그 물은 저 물이 아니고, 그 산은 저 산이 아니다'라는 명제에 이르게 된다. 그러나 좀 더 깊이 탐구해 들어가면, 산은 형상을 초월하여 산의 원형적 개념이 있고, 물도 형상을 초월하여 물의 원형적 개념이 있다. 형상을 초월하여 원형적 개념을 바탕으로 이야기하면 "물은 물이고, 산은 산이다"라는 말이 비로소 의미를 가지게 된다. 서양 철학에서 플라톤의 이데아론을 공부한 사람은 쉽게 이해가 갈 것이다.

진정한 깊이가 있는 무위자연無爲自然 타입과 하나님의 뜻에 맡기는 타입은 마음을 살펴 깨달은 사람에게나 적용된다. 깨달음이 없는 사람의 무위자연이나 신앙은 언제든지 손쉽게 바뀌게 된다. 이것은 이런저런 치료요법으로 치유된 사람도 깨달음의 바탕이 없으면 언제든지 본능 수준의 변방으로 다시 돌아오는 것과 같은 이치이다.

　문제는 깨달음이다. 보다 높은 자아, 혹은 초월적인 자아로 마음의 모든 의식을 통합하고, 나아가서 세상의 모든 만물과 통합하는 것은 곧 깨달음의 경지인데, 앞 세대의 현자들이 명상에서 이룩한 경지인 것이다.

　이후에 살펴볼 '자기에로의 여행'과 '마음 디자인'은 이런 정신통합의 보다 높은 자아의 관점을 가지고 계속 살펴볼 것이다.

❖ 제3단계 명상 연습

1. 호흡명상을 하면서 마음의 고요 속으로 들어간다.

2. 아싸지올리의 정신의 구조도식을 충분히 숙지하여 명상 중에
   바라보라.
   1) 하부 무의식
   2) 상부 무의식
   3) 중간 무의식
   4) 의식적 자기 또는 '나'
   5) 보다 높은 자아 또는 초월적 자아
   6) 보다 높은 자아와 '만들어진 나'의 통합

3. 정신통합에서 보다 높은 자아를 중심으로 자신의 하부 무의식
   뿐만 아니라 세상의 모든 사물을 통합하여 바라보는 것이 창의
   성, 성장 그리고 치유와 어떤 연관성이 있는지 살펴보라.

4. 정신통합의 치유의 기법 중 하나인 탈동일화를 살펴보라.

5. 정신통합의 또 하나의 치유기법인 내면의 스승과의 대화를 살
   펴보라.

6. 나에게는 어떤 편견과 선입견이 있는지 그리고 세상을 한쪽 눈으로만 바라보는 경향은 없는지 진지하게 살펴보라.

7. 전체성wholeness, holistic의 눈을 가질 수 있도록 훈련해 보라.

8. 자아초월심리학을 영성심리학이라고 불러도 좋을까? 만약 그렇다면 왜 그런지 성찰해보라.

9. 〈자아초월심리학 저널〉에서 다루었던 다음의 주제들을 명상 중에 한 번에 한 주제씩 살펴보라.

    1) 초욕구meta need

    2) 궁극적 존재ultimate Being

    3) 절정경험peak experience

    4) 황홀감ecstasy

    5) 신비경험mystical experience

    6) 더할 나위 없는 행복감bliss

    7) 경외awe

    8) 경이로움wonders

    9) 일치감 혹은 하나 됨의 느낌oneness

    10) 영성spirituality

    11) 우주의식cosmic consciousness

    12) 초월현상transcendental phenomena

제4단계

자기에로의 여행

자기에로의 여행

나는 누구인가?

이 질문은 인간에게는 가장 궁극적인 질문이다. 인간으로 태어난 이상 사람은 아무도 이 질문에서 벗어날 수 없다. 성인과 현자 그리고 이름 없는 범부에 이르기까지 이 질문을 해보지 않은 사람은 한 사람도 없을 것이다. 이 질문은 너무나 많은 사람이, 너무 오랫동안 해온 질문이어서 오히려 진부하기조차 하다.

성인聖人 크리스토퍼가 어느 날 꿈을 꾸었다. 꿈에 보니 이글거리는 커다란 불덩이가 저 앞에 있고, 사람들이 그 앞에 길게 줄을 서 있었는데, 한 사람씩 그 불덩이 앞에 불려가 불덩이의 질문에 답을 하고 있었다. 그런데 불려간 사람이 답을 못하고 우물쭈물하고 있으면 불덩이는 사정없이 그 사람을 삼켜버리곤 했다.

크리스토퍼는 겁에 질려 간이 콩알만 해졌다. 그리고 불덩이가 무슨 질문을 하는지 궁금하기도 했다. 마침내 크리스토퍼의 차례가 되어 그는 불덩이 앞에 불려갔다. 불덩이가 물었다.

"너는 누구냐?"

"네 저는 크리스토퍼라고 합니다."

"네 이름을 묻는 게 아니다. 너는 누구냐?"

"네 저는 사제입니다."

"이놈아, 네 직업을 묻는 게 아니다. 너는 누구냐?"

크리스토퍼는 당황했다. 이름을 묻는 것도 아니고 직업을 묻는 것도 아니라면, 도대체 누구라고 대답을 해야 한단 말인가. 크리스토퍼가 대답을 못하고 우물쭈물하자 불덩이가 그를 집어삼키려고 확 달려들었다. 크리스토퍼는 '악!' 하고 비명을 지르면서 잠에서 깨어났다.

크리스토퍼는 그 후 자신의 이름도 아니고 직업도 아닌 자신의 참 자아를 찾아 명상하고 또 명상했다. 그는 마침내 성인의 반열에 올랐다.

'나는 누구인가?'라는 질문은 여러 가지 차원에서 생각할 수 있다.

첫째, 인간이라는 존재와 그리고 삶과 죽음의 의미를 묻는 실존적 차원에서의 질문이다. 불덩이가 크리스토퍼에게 물었던 그런 차원의 질문이다. 인간에게 있어서 가장 궁극적이고 본질적인 질문이다.

둘째, 인간은 사회적 동물이어서 사회에서 어떤 역할을 담당하면서 살아가기 마련인데, 이때 정체성의 문제가 중요한 이슈로 부각된다. 나는 어떤 남편이며 아빠인가, 나는 어떤 아내이며 엄마인가, 나는 직장에서 어떤 존재인가, 나는 무엇을 하고 있으며 또 무엇을 하고 싶어 하는 사람인가 하는 등등의 자아 정체성의 문제를 성찰한다.

셋째, 심리학적 차원에서 자아를 살펴본다.

나의 존재양태는 어떠하며 행동양태는 또 어떠한가, 왜 그런 존재양태와 행동양태를 형성하게 되었는가, 내 안에서 꿈틀거리는 욕망의 원천은 무엇인가, 나를 이끌어가는 무의식의 정체는 무엇인가 하는 문제들을 몇몇 심리학자들의 이론의 도움을 받아 살펴보려고 한다.

I. 실존적 차원에서 바라보는 '나'

어떤 회사원이 친구들이 모두 큰 아파트에 사니까 자기도 은행에서 융자를 내어 큰 아파트를 사서 이사를 했다. 그는 일생동안 은행 융자금을 내다가 나이가 들어 세상을 떠났다. 그는 임종 시에 주위에 모여 있는 아내와 자녀들에게 "다 이루었다"고 한 마디하고는 숨을 거두었다.

이 이야기는 누가 우스갯소리로 지어낸 이야기이긴 하지만, 이야기 속에는 삶에 대해 성찰해볼만한 깊은 뜻이 담겨 있다.

우리는 모두 이 세상에 태어나서 자신의 삶의 영역을 넓히려고 애를 쓴다. 재산과 지식과 명예와 권력의 영역을 넓혀보려고 매일매일 땀을 흘리며 살아가는 것이다. 그러다 어느 날 문득 바쁜 마음과 발걸음을 잠깐 멈추고 서서, '내가 왜 이렇게 바쁘게 뛰어다니지?', '내가 하는 일의 의미가 뭐지?', '이렇게 바쁘게 뛰어다니는 나는 과연 누구인가?', '나는 어디서 와서 어디로 가지?' 하는 따위의 물음을 하게 된다.

어떤 사람들은 이런 물음들을 잠깐 마음속에 떠올렸다가는 이내 잊어버리고 다시 바쁘게 뛰어다닌다. 그런데 또 어떤 사람들은 조용한 곳을 찾아 앉아서 이 물음에 대한 답을 찾아보려고 호흡을 고르게 하고 마음을 고요히 하여 깊은 생각에 빠져들기도 한다.

예수도 이런 질문을 가지고 씨름을 했던 것 같다. 그가 세상에 나와서 사람들을 가르치기 전에 광야로 들어가 사탄의 시험을 받왔다는 것은 사실은 그의 내면에 솟아오르는 이런 질문들과 씨름을 한 것에 대한 신앙적 표현일 것이다.

붓다의 경우도 비슷하다. 그는 보리수나무 아래에서 6년간이나 인간이 태어나고, 늙고, 병들고 마침내는 죽어가야 하는 인간실존의 문제를 깊은 사색 속에서 바라보다가 마침내 깨달음을 얻었던 것이다.

예수와 붓다의 차이점이 있다면, 예수는 하느님에 대한 신앙을 전제로 한 인간실존의 문제에 골몰한 것이며, 붓다는 신에 대한 전제 없이 인간 실존의 문제를 살펴보다가 깨달음을 얻은 것이라고 할 수 있다.

붓다와 예수는 종교의 지도자로 유명해졌고 그들을 따르는 사람들이 수도 없이 늘어나서 그들의 가르침을 공부하고 있다. 그러나 사실은 역사 속에서 이름 모를 수많은 사람이 바쁜 마음을 잠시 멈추고 서서 자신의 마음을 살펴보고, '나는 누구인가'라는 실존적 질문에 애태우고, 삶과 죽음의 의미에 대한 깨달음을 얻어 보려고 무던히 노력했을 것이다. 나도 그중에 한 사람이고 당신도 그중에 한 사람일 것이다.

사람들의 이런 행위를 명상瞑想, meditation이라고 하는데, 나는 근 30년이 넘게 명상을 해오면서 '나는 누구인가?'라는 화두話頭를 단 한 번도 놓아 본 적이 없다. 그러나 아직도 만족할만한 답을 찾지 못했다.

인간의 실존이란 무엇인가?

실존주의 철학자인 하이데거Martin Heidegger는 인간의 탄생을 '이 세상에 내던져진 것'(thrown into the world)이라고 표현한다. 반면에 기독교는 인간의 탄생을 '이 세상에 초대된 것'이라고 생각한다.

탄생이 신의 섭리에 의해 이 세상에 초대된 것이라면, 신에 대한 신앙을 가지고, 신의 뜻에 따라 살다가, 신의 부름에 따라 다시 저 세상으로 돌아가 그의 품에 안기면 된다. 그러나 탄생이 이 세상에 내던져진 것이라 생각한다면, 인간은 살아남기 위하여(to survive) 다른 사람과 경쟁하며 아등바등 살아야 하고, 하이데거의 말처럼 죽음이라는 배경음악을 들으며 일생을 죽음에 대한 불안과 두려움을 가지고 살아야 한다. 신에 대한 믿음을 상실한 현대인들은 쉽게 실존적 공허감에 빠지는 경향이 있다. 그래서 사이비종교나 알코올, 마약 중독에도 쉽게 빠질 뿐만 아니라 감각적 쾌락에도 쉽게 빠진다.

그러나 인간은 아싸지올리가 말하는 상부 무의식의 요소, 즉 영성spirituality을 가지고 있는 존재이다. 그래서 실존적 공허감에서 벗어나는 어떤 길을 찾으려고 한다. 그리고 어떤 사람들은 그 답을 기독교가 아닌 다른 종교, 즉 불교에서 실존에 대한 답을 찾았다.

그러면 인간 실존에 대한 붓다의 깨달음은 어떤 것인가?

붓다는 힌두교 배경을 가지고 있었다. 힌두교는 인간의 삶은 끊임없이 윤회輪廻한다고 주장한다. 전생에서의 업 때문에 현생現生이 있고, 현생의 업 때문에 다음의 생生이 있다. 그런데 붓다가 깨달은 것은 이 세상의 삶은 생노병사生老病死와 번뇌로 가득한 고苦,

즉 고통의 바다(苦海)라는 것이다.

　그러므로 붓다에게 구원이라는 것은 윤회에서 벗어나는 일이다. 윤회에서 벗어나는 길은 깨달음을 얻어 번뇌와 업을 끊어 해탈해야 한다. 그것이 곧 열반nirvana인 것이다.

　붓다의 가르침인 위빠사나 명상에서는 무상無常, 고苦, 무아無我가 세 가지 중요한 깨달음인데, 물질이나 정신은 변하지 않는 것이 아니라 수시로 일어났다가 사라지니 무상이요, 그것을 속수무책으로 바라볼 수밖에 없으니 괴로움苦이며, 나의 몸과 마음조차도 내가 마음대로 통제할 수 없으니 내가 없는 것無我이다.

나는 여기서 의문을 하나 가지고 있다. 전생前生과 후생後生이 과연 있을까? 업karma때문에 인간의 생生은 끊임없이 윤회하는 것일까? 나는 어리석은 집착에서 벗어나 해탈의 니르바나를 꿈꾸며 명상하고 있지만, 이것이 윤회의 고통에서 벗어나기 위하여 그런 것 같지는 않다.

다시 나는 누구인가? 생각이 나인가? 생각은 나의 일부이긴 하지만 나의 본질은 아니다. 지금 나의 생각은 10년 전, 20년 전, 30년 전의 나의 생각과는 다르다.

그렇다면 어떤 생각을 하는 내가 참 나인가? 10년 전 생각을 하던 내가 참 나인가, 아니면 지금 이 생각을 하고 있는 내가 참 나인가?

데카르트는 "나는 생각한다. 고로 나는 존재한다"(cogito ergo sum)고 했다.

그렇다면 내가 생각 없이 잠들어 있을 때는 나는 존재하지 않는 것일까? 물론 데카르트는 기존에 옳다고 믿어 왔던 모든 것의 불확실성에 대한 의문이 제기되던 시대적 명제에 가장 확실한 것부터 검토하는 과정에서 'cogito ergo sum'을 말했지만 말이다.

기독교에서는 '예수를 믿으면 구원을 받는다'고 가르친다. 이 가르침은 기독교의 핵심 교리 중에 하나이다. 그러나 젊은 시절의 나의 믿음과 지금의 나의 믿음은 확실히 다르다. 그렇다면 하느님은 나의 어떤 믿음을 보고 나를 구원하실 것인가?

나는 누구인가? 나의 몸이 나인가? 몸도 나의 일부이긴 하지만 몸 역시 나의 본질은 아니다. 젊은 시절의 나의 몸과 지금의 나의 몸은 다르다. 10년 후 나의 몸은 또 다를 것이다. 그렇다면 어떤 몸을 가진 내가 참 나인가?

기독교의 신앙대로 우리가 부활한다면, 우리의 몸은 젊은 시절의 건장한 몸으로 부활할까, 아니면 늙어서 쇠약해진 몸으로 부활할까?

나는 오직 지금 여기서만 존재한다. 신체적으로나 정신적으로 지금 여기에서의 나는 과거의 나와는 다른 존재이고, 미래의 나와도 다른 존재이다. 시간 축 위에서 나를 보면 나는 오직 지금 이 순간에만 존재할 뿐, 현재의 이 공간에서도 나는 없다. 만일 4차원, 혹은 5차원의 존재가 백 년 후의 이 공간을 바라본다면 나는 이 공간에 없다.

나는 바다의 파도 포말과 같은 존재이다. 순간적으로 파도의 물방울이 되어 바닷가 바위를 철석이지만, 이내 다시 대양의 큰 물결로 돌아간다. 그럼에도 집착하고, 미워하고, 괴로워하는 나는 과연 누구인가?

나는 30년 넘게 이 화두를 걸머쥐고 끙끙대고 있지만 아직도 답을 얻지 못한 채 명상 중에 이 화두를 바라보고 있다. 다만 달라진 점이 있다면, 이전에는 두려움으로 인간 실존을 바라보고 있었다면, 지금은 평화스러운 마음으로 인간 실존을 바라보고 있다는 점이다.

마음공부가 어느 정도는 되어 있고, 마음의 근육도 어느 정도 키워져 있기 때문이리라. 이것이 명상의 위대한 힘이다.

II. 정체성 차원에서 바라보는 '나'

인간은 사회적 동물이므로 다른 사람과 관계를 맺으며 더불어 살아갈 수밖에 없다. 더불어 살아가면서 그 공동체 안에서 자신만의 독특한 지위 내지 역할이 있게 되는데, 이를 정체성이라고 생각하면 좋을 것이다. 결혼하면 남편이라는 정체성, 아내라는 정체성, 자식을 낳으면 부모라는 정체성, 회사에 가면 부장이라는 정체성 등, 인간은 공동체의 인간관계 속에서 자신의 독특한 위치를 가지게 되는 것이다.

예수는 자신을 하느님의 아들이라고 생각하고 있었으므로 사람들에게 하느님의 바른 진리를 가르치려고 노력하였으며, 붓다는 자신을 깨달은 사람이라고 생각하고 있었으므로 사람들에게 바른 도리를 가르치려고 노력하였다.

그 외에 역사 속의 수많은 위인들이 그리고 이름이 알려지지 않은 사람들도 모두 자신이 가지고 있는 정체성에 따라 가르치고 행동하고 노력하였다.

사람들은 자신이 누구냐 하는 정체성에 대한 이해에 따라 행동하고 노력한다. 성인聖人은 성인의 정체성을 가지고 있고, 악당은 악당의 정체성을 가지고 있다. 정치인은 정치인의 정체성을 가지고 있고, 법관은 법관의 정체성을 가지고 있다.

문제는 사람들이 자신의 정체성을 어떻게 형성하여 가지고 있느냐 하는 것이다. 명상하면서 정체성 차원에서 나는 누구인가 하

는 물음을 가져보기 바란다. 바른 정체성을 형성하기 위하여 다음
의 질문들을 하면서 깊이 성찰해보라.

나는 누구인가?

나는 무엇을 하려고 하는가, 즉 나의 목표는 무엇인가?

나의 목표와 관련해서 내가 감당해야 할 책임은 무엇인가?

나의 성격이나 인성은 그 목표에 합당한가?

그렇다면 나는 무엇을 해야 할 것인가?

나는 사제이며 교수였으니 나의 직업상 주례를 꽤 많이 했다.
나는 가능하면 결혼을 하려는 여자와 남자에게 간단한 교육을 시
켰다. 예를 들면 이런 식이다.

당신이 결혼을 하면 한 여자의 남편이 되는데, 한 여자의 남편
으로서의 책임에 대해 생각해 본 적이 있는가? 경제적인 문제는
같이 노력하면 될 것이고, 한 여자의 남편으로서의 첫 번째 책임은
아내를 사랑해야 한다는 것이다. 사랑은 안 보면 보고 싶고, 보면
가슴이 뛰고 하는 그런 감정이 전부가 아니다. 그런 감정은 차라리
열정이라고 부르는 게 더 낫다.

진정한 사랑은 아내를 있는 그대로 존중하는 것이며, 아내의
행복에 책임을 지는 것이다. 아내를 있는 그대로 존중한다면, 아내
를 자신의 생각이나 가치관의 틀 안으로 집어넣으려고 강요하지
않을 것이다. 아내의 행복에 책임을 진다고 하면, 때로는 자신의
욕구를 자제하고 양보할 수도 있을 것이다. 만약 그럴 자신이 없으
면 차라리 결혼하지 말고 혼자 살아라. 그래도 결혼해야겠다면 남

편이 되는 것이 무엇인지 배워라. 나와 함께 간단하게 공부할 의향이 있는가? 나는 여성에게도 똑같은 질문을 하고 부부가 되는 길을 함께 공부한 후에 주례를 섰다.

부모가 되는 것도 배워야 한다. 부모는 아이를 입히고 먹이고 공부시키고 하는 것이 다가 아니다. 발달심리학의 이론을 보면, 아이는 태어나서 처음 1년 동안에 기본적인 신뢰와 불신에 대한 감정 경험을 하게 되는데, 인간의 삶에서 신뢰가 얼마나 중요한가 하는 것은 모든 사람이 다 공감하는 이야기이다.

아이가 배가 고프면 위험하다고 느낀다. 그러면 운다. 그때 엄마가 제때에 젖을 물리거나 우유를 먹이면 아이는 위험하다는 느낌이 사라지고 신뢰의 감정이 무의식에 뿌리를 내린다. 그러나 아무리 울어도 제때에 젖을 주지 않으면 위험하다는 느낌과 함께 불신의 정서가 무의식에 뿌리를 내린다. 똥이나 오줌을 쌌을 때 이내 기저귀를 갈아준다든지, 춥거나 더울 때 적절하게 옷을 갈아입혀준다든지 하는 보살핌 등은 아이에게 정서적인 안정감을 주게 된다.

성인이 되어서도 지나친 탐욕과 욕심, 다른 사람을 믿지 못하는 불신감, 다른 사람을 사랑하고 신뢰하는 것에 대한 두려움, 지나친 적대감과 공격성 등이 생애 초기에 충분한 음식과 사랑을 얻지 못한 결과일 수 있다는 사실을 부모는 알아야 한다.

아이들이 배변훈련toilet training을 할 때 과잉통제를 받기 쉬운데, 과잉통제는 모든 신경증의 근원이 된다. 아이들이 학교에 다니면서부터는 다른 아이들과 경쟁을 피할 수 없는데, 이때도 부모가 그

나이에 맞는 학업 성취를 하도록 도와주는 것이 아니라, 다른 아이보다 뛰어나도록 1등이나 2등만을 강조하여 과잉통제를 하면 아이들의 신경증은 더욱 예민해져서 날카롭게 된다. 부모의 욕구를 충족시키지 못하면 좌절감을 느끼게 되고, 이게 쌓이면 폭력적인 공격성 성격을 형성하게 되는 것이다.

나는 어떤 부모인가? 나는 어떤 부모가 될 것인가? 이것은 부모의 정체성을 형성하는 데 결정적인 요소가 된다. 부부가 된다는 의미를 모르고 결혼을 한다든지, 부모가 된다는 의미를 모르고 부모가 되면, 때로는 커다란 불행을 야기하게 된다.

이것은 다른 모든 일에도 그대로 적용된다. 목사가 되겠다는 사람이 예수의 가르침을 사람들에게 전파하여 평화로운 세상을 만들어보겠다는 정체성이 아니라, 많은 신도들을 만들어서 교회 건물을 크게 짓고 그걸 업적으로 자랑하겠다는 물질주의적 정체성을 가지고 있다면, 그는 목회자가 되면 안 된다.

정치인도 마찬가지다. 대통령이 되고 국회의원이 되어 나라를 안전하게 지키고, 정의로운 사회를 만들어 국민을 섬기는 정체성이 아니라, 국민 위에 군림하고 특권을 가진 사람인 양 착각하는 정체성을 가지고 있으면 안 된다. 그런 사람은 대통령이나 국회의원, 장관이 되면 안 된다. 왜냐하면, 국가와 국민 그리고 그 자신도 결국은 모두 불행해지기 때문이다.

의사도, 상담자도, 교수도 다 마찬가지이다. 우리는 어떤 일을 하기 전에, 나는 이 일을 왜 하려고 하는가, 나는 이 일을 하기에 적절한 성격이나 인성을 가지고 있는가, 그렇다면 나는 무엇을 해야 할 것인가 등의 질문을 철저하게 해야 할 것이다.

우리는 우리가 좋아하는 일을 하게 될 때 행복하다. 그러므로 우리가 좋아하는 일을 하는 것은 중요하다. 그러나 우리가 좋아하는 일을 할 수 없을 때도 있다. 어떤 일을 좋아하지는 않지만 꼭 해야만 할 때가 있다. 그럴 때는 그 일을 좋아하도록 우리의 정체성을 만드는 것이 중요하다.

미래는 인공지능ai이 많은 부문에서 인간을 대체하는 시대가 될 것이다. 그런데 인공지능이 인간을 대체하기 어려운 부분 중에 하나는 '창의성'이라고 한다. 그래서 미래는 어떤 분야에서나 창의성이 있는 사람이 그 집단의 리더가 될 것이라고 한다. 영국을 비롯한 세계의 여러 나라에서는 창의교실이니 창의수업이니 하는 프로그램을 만들어 창의성이 있는 인재 교육에 열을 올리고 있다.

당신은 창의성이 있는가?

창의성이 부족하다고 생각하면 명상으로 창의성을 길러라. 어떤 회사에서 몇몇 심리학자들에게 창의성에 대한 연구를 의뢰했다. 1년 후에 연구에 참가한 심리학자들은 뜻밖의 연구 결과를 발표했다. 창의성이 있는 사람들의 공통적인 특징은 '나는 창의성이 있는 사람이다'라는 생각을 가지고 있는 점이었다.

나는 이 연구 발표에 공감한다. 사람은 자신이 생각하는 정체성에 의해 만들어지기 때문이다.

세계적으로 유명한 뇌 과학자인 세바스찬 승이 다음과 같은 중요한 말을 했다.

> 나는 나의 유전자 이상이다. 나는 나의 뇌신경망의 연결체이다
> (I am more than my genes. I am my connectome).

자신이 창의성이 있는 사람이라고 생각하면 그의 뇌는 그런 정체성을 뇌의 신경회로에 형성한다. 그러면 그는 창의성이 있는 사람이 된다. "자신이 소망한대로 이루어진다"라는 피그말리온_{pyg-malion} 법칙도 사실은 신경회로에 형성된 정체성 때문에 그리 되는 것이다.

우리는 어떤 정체성을 가질 것인가? 정체성은 우리의 결단과 선택에 의해 만들어진다.

명상은 옳은 선택과 결단을 위한 수련이기도 하다. 우리의 뇌에 명상의 신경회로를 만드는 것이 중요하다.

III. 심리적 차원에서 바라보는 '나'

인간은 이해하기 어려울 때가 많다.

많은 사람이 이런 말, 이런 행동을 하고 싶은데 실제로 말하고 행동하는 것은 자신이 원하는 것과는 다르게 말하고 행동했던 경험이 종종 있었을 것이다. 왜 그럴까?

심리학자는 무의식 때문에 그렇다고 말한다. 프로이드는 인간의 의식을 의식과 무의식으로 구분하면서, 때때로 무의식이 의식에 반하여 말하게 하고 행동하게 만들기도 한다고 주장한다. 어떤 심리학자는 보이지 않는 무의식이 인간을 마치 종처럼 끌고 다닌다고 말하기도 한다. 무의식 속에는 무엇이 있기에 인간을 종처럼 끌고 다닐까?

우리는 보통 어떤 사람을 평가할 때, 그 사람이 성격이 좋다 혹은 나쁘다고 말하는데, 프로이드는 성격이 단순히 좋다 나쁘다 하고 말하는 대신에 성격에는 세 가지 요소가 있다고 분석했다.

성격의 세 가지 요소는 원본능id과 자아ego와 초자아superego라고 프로이드는 말한다.

원본능은 성격의 이기적인 요소로서 자기중심적이고, 다른 사람을 배려하지 않고, 환경을 고려하지 않으면서 자기가 원하는 바를 즉시 실행하기를 원한다. 초자아는 윤리적인 요소로서 이타적이며, 다른 사람을 배려하고 환경을 고려하려고 한다.

자아는 원본능과 초자아를 극단적으로 가지 않도록 현실에 맞게 조정하는 역할을 한다. 그러니까 자아는 교통순경의 역할을 한다고 보면 된다.

성격이 좋다 나쁘다 하는 것은 이 세 가지 요소가 어떻게 표현되느냐에 따라 다르다. 원본능이 강하게 표현되면 성격이 나쁜 사람이라고 할 것이고, 초자아가 강하게 표현되면 성격이 좋은 사람이라고 할 것이며, 자아가 강한 사람은 이성적인 사람이라고 말할 것이다.

나는 누구인가라는 질문을 할 때, 실존적인 차원과 정체성의 차원과 함께 성격적인 차원도 성찰해 보아야 한다.

1. 나를 만든 어린 시절의 경험

사람의 성격은 타고난 유전적 요소와 후천적 경험이 날줄과 씨줄처럼 얽혀서 이루어져 있다. 과거, 특히 어린 시절의 경험은 내가 누구인가에 대한 매우 중요한 부분이 된다.

명상하는 사람은 마음의 고요 속에서 자신의 과거를 돌아보고, 과거의 어떤 경험이 나의 오늘의 존재양태를 만들었으며, 나의 무의식 속에 들어와 존재하고 있는가 하는 것을 바라보아야 한다. 내가 지나치게 집착하고 있는 것은 무엇인지 살펴보라.

돈, 권력, 명예, 섹스, 관심 추구욕 등, 내가 보통 이상으로 집착하고 있는 어떤 것이 있다면 거의 반드시 과거의 어떤 경험이 그 근저에 자리 잡고 있을 것이다.

〈세상에 이런 일이〉라는 TV 프로그램이 있었다. PD는 '계란'이라는 말을 알아듣는다는 개가 있다고 하여 그 마을에 찾아갔다. PD가 '계란'이라고 말하니까 과연 그 개는 그 말을 알아듣고 무서워하며 마루 밑에 숨는 것이었다. 그런데 '달걀' 하면 개는 아무 반응이 없었다. PD는 이상하다고 생각은 했으나 이유를 알 수가 없었다. 그때 용달차에 계란을 싣고 다니며 파는 어떤 계란 장수가 "계란 사시오. 계란!" 하고 녹음된 확성기를 크게 틀어놓으며 근처를 지나가고 있었다. 개는 너무 놀란 나머지 어찌할 바를 몰라 하며 산기슭으로 꽁지가 빠져라 도망가는 것이었다.

PD는 나중에 개 주인과 대화를 하면서 그 개가 '계란'이라는 말을 무서워하는 이유를 알게 되었다. 그 개가 강아지였을 때, 어느 날 계란을 가지고 놀다가 그만 계란을 깨트리고 말았다. 주인은 강아지 덜미를 잡고 강아지의 뺨을 때리면서 "이놈, 네가 계란을 깨트렸잖아! 계란을!" 하고 강아지를 혼낸 적이 있었다고 했다. 강아지는 '계란'이라는 단어와 뺨을 맞던 경험을 연관시켜 기억하고 있었던 것이다.

같은 프로그램의 또 다른 사례가 있다. PD는 이번에는 4각형 대나무가 있다는 마을을 찾아갔다. 대나무 숲에 들어가 보니 과연 4각형 대나무가 있었다. 4각형 대나무뿐만 아니라 3각형 대나무도 있었다. 어떻게 해서 4각형 대나무와 3각형 대나무가 있을 수 있단 말인가?

그 비밀은 이렇다. 대나무가 어린 죽순이었을 때 4각형 혹은

3각형의 틀을 죽순에 끼워놓고, 대나무가 어느 정도 자랐을 때 그 틀을 빼버리면, 틀을 빼버린 후에도 대나무는 계속 4각형, 혹은 3 각형으로 자란다는 것이었다.

나는 유난히 외로움과 그리움이 많다. 내가 생각해도 비정상 적일 정도로 외로움과 그리움이 많다. 왜 그럴까?

나는 은퇴 후에도 바쁘게 보내긴 하지만 자투리 시간은 많은 편이다. 자투리 시간은 주로 음악을 듣거나 명상을 하며 보낸다. 요즘은 명상 중에 나의 어린 시절과 청년 시절을 상상 속으로 불러 내어 살펴보는 것을 즐겨 한다.

어느 날, 명상 중에 어떤 하나의 그림이 상상 속에 나타났다. 그 그림 속에 한 소년이 버스 정류장에서 버스를 기다리고 있었다. 살펴보니 그 소년은 바로 어린 시절의 나였다.

나는 초등학교를 당진에 있는 면천이라는 조그만 마을에서 보 냈다. 내가 초등학교 3학년 때 어머니는 부득이한 사정으로 아버 지를 찾아 마산으로 떠났고 어린 나는 당분간 혼자 살았다. 한 2, 3주 후면 돌아오겠다던 어머니는 한 달이 가고 두 달이 가도 돌아 오지 않았다. 먹을 것이 떨어져 배도 고프고, 산기슭에 있는 오두 막집에 혼자 사는 것이 무섭기도 했지만, 제일 힘든 것은 어머니에 대한 그리움이었다. 어머니는 담임 선생님과 계속 편지로 소통을 하고 있어서 담임 선생님이 음식이며 옷가지를 도와주었다. 그러 나 어머니가 보고 싶은 그리움은 담임 선생님도 도와줄 수 없었다. 나는 공책이며 땅바닥에 그리고 화장실 벽에 온통 "엄마, 언제 와

요? 보고 싶어 못 견디겠어요"라고 낙서를 했다. 사실 그것은 낙서라기보다는 처절한 몸부림이었다.

나는 방과 후면 매일같이 버스 정류장에 가서 버스에서 내리는 사람들을 바라보곤 했다. 버스에서 마지막 사람이 내리면 버스는 다시 떠났다. 나는 버스 뒤를 따라 죽자고 달렸다. 버스가 언덕 위를 넘어 사라져서 보이지 않으면 나는 땅에 쓰러져서 하염없이 울곤 했다.

그 모습이 떠오르자 나는 이제 70이 넘은 나이가 되었음에도 가슴이 먹먹해지면서 눈물이 뺨을 타고 흘러내렸다. 나는 명상의 상상 속에서 그 어린아이를 일으켜 세우고는 꼭 안아주었다. 그리고는 그 옆에 서 있는 어머니와 아버지도 꼭 껴안았다.

명상을 끝내고 눈을 떴을 때 나의 마음은 한없이 평화로웠고, 나의 가슴에는 세상의 모든 사람을 다 사랑하고픈 감정으로 가득했다. 자비 명상을 열 번 한 것보다도 더 큰 자비심이 마음속에서 꿈틀거렸다. 나는 내가 왜 그렇게 외로움과 그리움이 많은가를 이해하게 되었다. 그리고 보다 높은 자아로 나의 상처받은 어린 자아를 껴안아 주면서 치유를 경험하였고, 아버지와 화해하였고, 어머니를 위해 기도하게 되었다.

어린 시절과 청년 시절을 돌아보면서 자신에게 영향을 끼친 사건들을 기억해 보라. 나는 어떤 책들을 읽었으며, 어떤 친구들을 사귀었으며, 어떤 사람들을 존경했으며 또 어떤 사람들을 미워했는가?

　　그리고 이런 경험들이 나의 무의식에 어떤 모습으로 존재하는
지 살펴보라. 무의식에 존재하는 것은 우리의 의식으로 떠올려 인
식하기 어렵다. 그러나 명상의 깊은 고요 속에서 바라보면, 무의식
의 어둠 속에 도사리고 있는 경험의 파편들이 조금씩 의식으로 떠

올라 그 모습을 드러내곤 한다. 명상 속에서 의식 위로 떠오른 무의식의 어두운 그림자들을 살펴보라. 그리고 보다 높은 자아로 그것들을 통합하여 성장하고, 치유를 경험해보라.

2. 열등감과 우월성의 추구

나의 경험에 의하면, 모든 사람들에게 있는 보편적이고 강력한 콤플렉스 중에 하나는 열등감이다.

열등감은 순기능과 역기능의 양면성을 다 가지고 있다.

아들러Alfred Adler라는 심리학자는 열등감이 모든 인간의 동기와 노력의 기초를 형성한다고 말하면서, 이 열등감이 우월을 추구하게 되고 성격의 강점과 기술을 발달시키게 하는 주요한 요인이 된다고 주장한다.

나는 아들러의 주장에 동의한다. 열등감이 없는 사람은 없다. 그런데 그 열등감 때문에 삶의 목표를 세우고 열심히 노력하여 만족스러운 삶을 살게 된다면, 이것은 열등감이 가지는 순기능이다.

문제는 열등감의 역기능이다. 열등감에 너무 집착하여 자존감이 심하게 위축되고, 자신감이 마비되면 어떤 일에 도전하는 것 자체를 두려워하게 된다. 이런 사람은 인생에서 성취감의 즐거움을 경험하기 어렵다.

그는 무의식 속에 '나는 할 수 없어, 나는 무능하고 못난 인간이
야'라는 자아 정체성을 형성하게 된다. 그는 다른 사람 앞에서 늘
전전긍긍하고 쩔쩔맨다.

이와는 대조적으로 열등감이 강한 사람 중에 어떤 사람은 지
나치게 강한 자존심을 보이기도 한다. 쓸데없는 고집이 세고 다른
사람의 말에 귀를 기울이지 않는다. 더불어 지내기가 참으로 불편
한 사람이다. 이런 사람이 한 집단의 리더가 되면 그 집단 전체가
불편하고 힘들어진다.

열등감이 강한 사람 중에 또 어떤 사람들은 지나치게 반항적
이고 도전적이 되기도 한다. 겉으로 보기에는 자기주장이 확실하
고 매우 강한 성격으로 보이지만, 사실은 내면에 열등감이 너무 강
하여 그에 대한 반작용의 표출이기도 한 것이다.

당신의 열등감은 어떤 것인지 살펴보라. 당신의 열등감은 순
기능적으로 작용하고 있는가, 아니면 역기능적으로 작용하고 있
는가? 열등감과 우월감의 역동성은 우리 생애 전반에 걸쳐 중요한
힘으로 존재한다. 이 역동이 당신의 현재의 생활에 어떻게 반영되
어 나타나는지 살펴보라. 만일 당신의 열등감이 역기능적으로 작
용하고 있다면, 보다 높은 자아로 돌아가 보다 높은 자아의 정체성
으로 열등감을 조정해보라.

3. 매슬로우의 빛으로 바라보는 '나'

아브라함 매슬로우Abraham Maslow의 도움을 받아 나를 성찰하는 것은 명상에서 '자기를 찾아 떠나는 여행'의 명제에 몇 가지 중요한 주제들을 제공한다. 아래에 소개해 보면 다음과 같은 것들이다.

1) 욕구에 대한 성찰

아들러는 인간의 동기를 열등감에 기초한 우월성의 추구라고 했는데, 매슬로우는 인간의 동기를 욕구의 충족이라고 보았다.

그는 욕구단계hierarchy of needs 이론으로 유명하다. 욕구의 단계는 생리적인 욕구, 안전과 안정에 대한 욕구, 사랑과 소속에 대한 욕구, 인정과 명예에 대한 욕구 그리고 자아실현에 대한 욕구 등으로 아래는 넓고 위로 올라갈수록 작아지는 피라미드형을 띄고 있다. 욕구의 단계는 반드시 하위의 욕구가 충족되어야 그 위의 상위 욕구로 나아간다는 그런 의미는 아니고, 인간의 생활에서 하위의 욕구가 가장 시급하고 절실하다는 의미이다.

하위의 네 단계의 욕구는 결핍동기에서 비롯된 결핍욕구라고 부르고, 마지막 최상위의 욕구는 성장 동기에서 오는 것이므로 성장욕구라고 부른다.

결핍욕구는 생리적, 안전, 사랑 그리고 명예에 관한 것이 박탈되는 것을 두려워하여 그것들을 확보하려는 욕구인 반면에, 성장

욕구는 자아실현의 방향으로 나아간다. 즉, 전체성을 성취하고 한 인간이 될 수 있는 최고의 존재가 될 수 있도록 잠재력을 발달시키는 방향을 지향하는 것이다.

자아실현 욕구의 최상층에는 자아초월 욕구transpersonal need가 존재하고 있는데, 자아초월 욕구는 통상적인 일반 욕구를 넘어섰다고 하는 뜻에서 초욕구meta need라고 부르기도 한다.

명상에서도 자아초월의 경험은 중요한 성취의 경지이다. 자아초월을 통해서 자아의 성장, 변화, 창조를 가져오며, 삼매三昧, samadhi의 경지를 체험하게 되고, 깨달음의 세계로 들어가게 된다. 깨달음의 세계는 새로운 세계의 발견인데, 평소의 의식은 붕괴되고 여기에 새로운 의식이 태어나며 새로운 세계를 만나게 되는 것으로서 영성의 각성이라고 불러도 좋을 것이다.

명상 중에 깨달음을 얻으면 소위 말하는 절정경험peak experience을 체험하기도 한다. 절정경험은 남녀가 사랑을 하면서 느끼는 오르가즘에서, 현란한 예술과 음악에서, 신비적이며 압도적인 대자연의 아름다움에 매료될 때, 종교에서 신을 경험할 때(接神), 특히 기독교에서 성령聖靈을 받았다고 확신할 때 느끼는 더할 나위 없는 황홀한 감정을 말한다. 명상 중에 느끼는 절정경험은 마약에 의한 절정경험과는 다른, 자연적인 기분 좋은 환희의 경험이다.

서구의 몇몇 의사와 심리학자들이 동양, 특히 티베트에서 경험한 명상이 LSD로 상징되는 마약류와는 다르게, 중독의 부작용이 없는 절정경험을 가능하게 한다는 사실에 매료되어 명상을 서

구에 전함으로써, 명상이 서구에서 열풍이 불게 한 하나의 원인이
되었다.

절정경험도 시간이 흐르면 옅어지기 마련이다. 그러나 호흡하
듯이 명상을 일상화하여 수행하는 사람은 절정경험의 즐거움을
안정되고 지속적인 상태로 유지한다.

명상하는 나는 누구인가? 나는 명상 중에 자아초월을 경험해
보았는가? 그리고 자아초월 상태에서 절정경험을 해본 적이 있는
가? 나는 왜 명상하는가?

2) D 사랑과 B 사랑

매슬로우는 사랑을 D 사랑과 B 사랑으로 구분하였는데, 명상
하는 사람은 이런 구분을 성찰하여 깨닫는 것이 중요하다.

D 사랑Deficit Love은 결핍사랑, 결핍감에서 발달한 소유적인 사
랑, 혹은 이기적인 사랑을 의미한다.

B 사랑Being Love은 존재사랑, 즉 이기적이거나 소유적이 아닌,
존재 그 자체를 존중하는 사랑이다.

자아실현을 한 사람이나 명상을 수련하면서 깨달은 사람의 사
랑은 당연히 B 사랑이어야 한다. 왜냐하면, B 사랑은 생명지향적
인 사랑이기 때문이다. 예수가 가르친 사랑과 붓다가 가르친 자비
심은 모두 B 사랑이라고 할 수 있다.

4. 칼 융의 빛으로 바라보는 '나'

융Carl G. Jung의 삶과 주장을 살펴보면, 우리가 명상을 하면서 부닥치는 문제와 매우 비슷한 점이 많다는 사실을 알 수 있다.

융은 겉보기에는 인정받는 의사이며 교수였으나 그는 삶에서 점점 현실감을 잃어가면서 삶의 의미를 상실해가고 있었다. 나는 누구인가, 나는 왜 사는가, 내가 이렇게 사는 것이 과연 옳은 일인가, 나는 어떻게 살아야 할 것인가 하는 등의 문제가 그를 괴롭히고 있었다. 그는 저 마음속 깊은 곳에서 끓어오르는 어떤 욕구가 있다는 사실을 깨닫고 있었다. 그는 마침내 마음속 깊은 곳에서 솟아오르는 그 욕구에 따라 살기로 결심했다. 그가 무의식 속에서 발견한 것은 거대한 '용암의 흐름' 같은 것이었는데, 그 열기가 그의 인생을 재조명했다. 융의 문제는 일종의 네오테니neoteny 상황이라고 볼 수 있다.

네오테니란 숫자로 표시되는 나이와는 상관없이 어른이 되어도 어렸을 때의 특성을 가지고 있다는 개념이다. 그 특성이란 열린 마음, 호기심, 즐거움, 흥분, 웃음, 유머, 장난기 같은 것이다. 네오테니는 비록 나이가 들어 육체는 늙어가도 마음은 영원한 청년을 유지하는 길이다. 나는 이것이 명상에서 추구하는 또 하나의 매력이라고 생각한다.

명상하는 사람들이 융의 빛을 통해서 바라보아야 할 것은 참으로 많다. 그중에서도 가장 중요한 주제는 개체화individuation라는 개념이다.

모든 사람은 크든 작든 모두 어느 정도의 신경증을 가지고 있다. 그런데 신경증의 이면에는 미개발된 인성이 있다. 신경증의 치료는 전인성의 획득에 있으며, 융은 전인성으로 향하여 움직이는 과정을 개체화라고 했다. 개체화는 남들과는 다른 독특성이 있으므로 개체화는 '진정한 자기 자신이 되는 것' 혹은 '자아실현'으로 해석할 수 있다. 사람은 모두 자신만의 독특한 개체화 과정을 가지고 있다. 융은 각 사람의 개체화 과정은 독특하긴 하지만, 그 과정에는 보통 네 가지의 일반적인 자원이 있다고 말한다.

여기서는 명상과 관련하여 의미가 있는 세 가지 요소를 소개한다.

첫째, 페르소나persona를 벗는 일이다. 페르소나는 다른 사람들의 눈에 비치는, 즉 그의 실제 성격과는 다른 한 개인의 모습이다.

페르소나는 본래 그리스인들이 연극을 할 때 자기가 맡은 역할에 따라 썼던 가면을 말한다. 사람들은 사회생활을 하면서 그리스인들이 연극을 할 때 썼던 가면처럼 자신들의 사회적 지위와 직함에 맞는 가면을 쓴다. 융은 이처럼 인간이 쓰는 가식의 가면을 페르소나라고 불렀다. 아이들은 자라면서 어른들이 용납하고, 그에 따르는 적절한 보상이 주어지는 행동과 태도를 익히게 된다. 그런데 사람들은 어른이 되어서도 이런 행동과 태도를 버리지 못하고 계속 가지고 있다.

인간은 사회라는 공동체 안에서 다른 사람과 인간관계를 맺으며 살 수밖에 없는 사회적 존재이므로 다른 사람의 인정과 보상을 받는 행동과 태도를 취할 수밖에 없다. 이렇게 해서 형성된 성격, 즉 자신의 욕구와 필요를 위해 '나'가 타인에 대해 갖는 성격화된 '나'가 곧 페르소나인 것이다. 어느 정도의 페르소나는 사회생활에서 피할 수 없다.

문제는 페르소나가 심각한 위선과 병리현상을 동반하여 자신과 타인에게 독이 되는 경우이다. 페르소나는 순기능도 있으나 과도한 페르소나의 경직성에서 벗어나야 성장하고 치유된다. 과도한 페르소나의 경직성에서 벗어나 영성이 성장한 사람은 명상에서 추구하는 자유인이 되는 것이다.

둘째, 자신의 그림자shadow와 직면해서 그림자의 실체를 알고, 그로부터 벗어나는 일이다. 그림자는 우리의 열등감과, 페르소나, 이상 등과 마찰을 빚기 때문에 무의식 세계로 억눌러버렸던 성격의 부정적인 측면인데, 이런 것들은 의식될 기회를 잃어버려 미분화된 채로 남아 있다. 그림자가 억압되고 인식되지 않는 한 그것은 타인들에게 투사되고, 우리가 인식하지도 못하는 사이에 우리를 지배하게 된다. 그림자는 원시적이고 본능적이며 동물적인 존재와 같아서 때로는 본인도 의식하지 못하는 상태에서 파괴적인 폭력을 일으키기도 한다.

미국에서 일어난 한 예를 들어본다.

조그만 어떤 마을에서 모범생으로 소문난 고등학교 2학년인 한 소년이 아버지와 논쟁을 하던 중에 야구 방망이로 아버지를 때려 숨지게 한 사건이 있었다. 그런데 그 일로 가장 큰 충격을 받은 사람은 아버지를 때려 숨지게 한 바로 그 소년이었다. 그는 자신의 그런 행동을 도무지 이해할 수 없었다고 한다. 그 소년은 사실 아버지의 통제나 간섭 때문에 늘 스트레스를 받았을지도 모른다. 그러나 아버지의 인정과 사랑을 받기 위하여 아버지가 원하는 모범생의 페르소나를 쓰고 있었을 것이다. 페르소나가 견고할수록 그의 그림자는 짙어졌을 것이고, 어느 순간 무의식 속에 자리 잡고 있던 그림자가 자신도 모르게 폭력으로 튀어나왔을 가능성이 크다고 볼 수 있다.

그림자는 인간이 그렇게 되고 싶지 않은 그 무엇이라고 할 수 있는데, 어쩌면 인간이 원하면서도 감히 그렇게 되고 싶지 않은 그 무엇일 수도 있다. 그림자는 다른 사람에게 알려지기를 원하지 않는 우리 내부의 모습이며, 심지어는 우리 자신 역시 그것들이 내 안에 있다는 사실을 받아들이려 하지 않는다. 그래서 우리는 억압과 거부를 통해 그것을 편리하게 잊어버리는 것이다.

그림자의 크기나 강도는 대체로 그 사람의 성장 체험과 밀접한 관련성이 있다. 환경이 넓고 개방적일수록 그림자는 작고 옅으며, 환경이 좁고 폐쇄적일수록 그림자는 크고 짙다. 넓고 개방적인 환경이란 수용적이고, 개방적이며, 사랑과 존중이 있으며, 비율법적이고, 자존감이 높으면서 여유가 있는 환경이다.

반면에 좁고 폐쇄적인 환경은 생각과 말과 행동을 거부하고 억압한다. 그러므로 이런 환경에서는 다른 사람들의 인정, 사회적 승인 등이 매우 중요하므로 사람들은 페르소나를 발달시킨다. 이런 환경에서는 호기심이나 모험 같은 것이 용납되지 않아 그림자 속으로 억압되는 것이다.

참된 깨달음을 얻은 현자들의 가르침은 전인성wholeness을 지향하고 있다. 전인성은 나 자신의 밝은 면과 마찬가지로, 나의 어두운 면인 그림자까지도 의식 속에서 자아의 일부로 통합하는 것이다. 자신의 그림자를 직면하지 않고 계속해서 거부하고 억압해온 사람들은, 오히려 자신의 그림자를 직면하고 통합하려고 한 사람들보다도 그림자의 힘에 취약할 뿐만 아니라, 쉽게 정복당하기도 한다. 만일 우리가 진지하게 자신의 페르소나와 그림자를 바라보고 그것들의 소리를 들으며 명상할 수 있다면, 우리는 진정한 자아를 발견할 수 있으며 또한 영성적인 성장과 치유를 경험할 수 있다.

당신이 만약 자신의 그림자를 줄이고 대자유인이 되고 싶다면, 명상을 수련하여 깨달음을 얻고, 성장하고, 치유를 경험하라. 그러나 그 명상은 반드시 바른 스승을 만나 바르게 하는 명상이어야 한다.

셋째, 의식과 무의식으로 구분되는 전체 인성을 통합시키는 핵인 진정한 자기(true self)를 발달시키는 일이다. 진정한 자기(true self 혹은 대문자 Self)는 신성한 불꽃으로서, 개인의 내면에 존재하는 신의 형상imago Dei이다.

융의 진정한 자아 개념은 아싸지올리의 '보다 높은 자아' 개념과 비슷하며, 기독교의 영혼 사상과도 통한다.

성장에 대한 프로이드와 아들러의 접근법은 중년기 이전까지의 성장과업에 좀 더 적합하다. 그러나 제2의 사춘기이면서 또 다른 질풍노도기로서의 중년기 이후, 즉 인생의 후반기의 성장 작업은 내부지향적(즉 영성지향적)이어야 한다. 인생 전반기에 외부세계에서 발견하던 의미를 이제는 자신의 내부에서 찾아야만 한다. 중년기의 위기는 본질적으로 영적인 위기이다.

그래서 융은 다음과 같은 유명한 말을 했다.

> 인생 후반기에 있는 나의 모든 환자들 중에서 그들의 문제가 인생에서 종교적(영성적)인 조망을 발견하는 것이 아닌 사람은 한 사람도 없었다.

융은 중년기를 위한 영성학교가 있어야 한다고 했는데, 명상이야말로 융이 말하는 영성학교의 역할을 하고 있다고 할 수 있다. 그러나 명상은 영성학교를 넘어서 어린이로부터 노인에 이르기까지 모든 사람이 수행해야 하는 인생학교라고 할 수 있는 것이다.

5. 에니어그램과 '나'

에니어그램enneagram은 4500년 전(기원전 2500년)에 현재의 아프카니스탄 지역에 해당되는 중동지방에서 발생한 고대 지혜이다. 이 고대의 지혜가 현대 심리학과 결합되어 오늘날 전 세계에 보급되어 성격유형을 판단하는 프로그램으로 자리 잡고 있다.

　그러나 여기에서는 에니어그램을 통하여 자기를 발견하고, 집착을 버리고, 9가지 성격을 균형 있게 발전시켜서 성격의 통합을 이루어 전인全人을 지향하기 위한 하나의 명상 수련으로 응용하고자 한다.

　자신을 발견하고 성장하는 것은 명상에서 매우 중요한 과제이다. 자기를 발견하는 방법으로 앞에서 언급한 것처럼 심리학적인 측면과 존재론적인 측면이 있다. 그런데 이 두 가지 면을 다 충족시키면서 인간이 자기를 발견할 수 있는 방법이 있다. 그것은 에니어그램이라는 것으로, 인간을 각기 다른 성격에 따라 아홉 가지 유형으로 분류한 유형론의 하나이다.

　사람이 이 아홉 가지 유형 중 반드시 어느 하나의 유형에만 속하는 것은 아니고, 동시에 여러 유형의 특징을 가지고 있을 수도 있다. 중요한 것은 어떤 유형이든지 거기에 집착하고 있다면, 그것은 왜곡된 자아라는 사실과 거기에서 벗어나야 건강한 정신이 될 수 있다는 사실을 깨달아야 한다는 것이다. 에니어그램을 통해서 자기를 발견하고, 집착하고 있는 면을 발견하면 고쳐서 성장하고 치유하기를 바란다.

제1유형: 완전해야 한다

　1유형은 완벽주의자들이다. 그들은 어렸을 때부터 모든 일을 완벽하게 하고, 자기가 한 일에 대해서는 책임을 져야 하며, 더 잘

해야 한다는 신념을 몸에 익힌 사람들이어서 도덕과 정의를 지키는 엘리트가 될 수 있다.

그러나 1유형은 강박증 환자가 될 가능성이 많으며, 삶과 사람들이 당연히 그래야 하는 것처럼 되지 않기 때문에 늘 좌절하곤 한다. 그들은 남을 쉽게 비판하고 높은 도덕성을 요구한다. 그래서 그들은 다른 사람을 피로하게 만드는 경향이 있다. 1유형의 사람들은 독선적이 되지 않도록 경계해야 하며, 진리에 이르는 길이 하나만 있는 것이 아니라 여러 길이 있다는 사실을 깨달아야 한다.

당신은 어떤가? 만일 당신이 완전해야 한다는 지나친 집착에 빠져 있다면 거기에서 벗어나야 한다.

제2유형: 필요한 사람이 되어야 한다

2유형은 다른 사람들에게 매우 친절하고 어떤 일을 잘 도와준다. 그들은 다른 사람의 관심과 사랑을 받기 위해 쓸모 있는 사람이 되어야 한다고 생각하기 때문에 다른 사람이 부탁하지 않아도 알아서 잘해준다.

이것은 2유형의 장점이다. 문제는 집착이다. 너무 다른 사람의 인정에 집착하면 자신을 잃어버릴 위험이 있다. 2유형은 자기가 해준 것만큼 상대방이 해주지 않으면 배신감을 느끼며 착취당했다고 생각하는 경향이 있다. 2유형 중에 미성숙한 사람들이 마음에 상처를 입게 되면, 부드럽고 나긋나긋하던 모습을 버리고 갑자기 발톱을 드러내며 사나워진다. 2유형의 사람들 중에는 어둡고 슬픈 어린 시절을 보낸 사람이 많다.

당신은 2유형의 성향을 얼마나 가지고 있다고 생각하는가? 만일 당신이 필요한 사람이 되어야 한다는 지나친 집착에 빠져 있다면, 거기에서 벗어나라.

제3유형: 성공해야 한다

3유형은 성공하기 위해서 목표를 정하고, 목표를 달성하기 위해 열심히 노력하는 사람들이다.

3유형이 되는 것은 어린 시절에 좋은 성적을 받거나 시합에서 이겼을 때 칭찬을 받은 경험 때문에 끊임없이 성공에 집착하기 때문이기도 하고, 사회에서 자신의 존재를 인정받는 길은 성공밖에 없다는 인식이 강하기 때문이기도 하다. 3유형의 사람들은 일을 효과적으로 유능하게 할 수 있는 사람들이기도 하지만, 입신출세와 신분 상승을 꿈꾸며 가면을 쓰고 쇼를 잘하는 경향도 있다. 그래서 그들은 주변 사람들의 기대에 능숙하게 부응할 줄 안다.

그들은 절대로 실패나 패배를 견디지 못한다. 그래서 그들은 실패를 남의 탓으로 돌리고 재빨리 다른 계획에 뛰어들곤 한다. 성공해야 한다는 신념으로 열심히 노력하는 것은 좋다. 그러나 성공해야 한다는 지나친 집착에 빠져있는 사람은 자칫 진정한 삶의 가치와 마음의 평화를 잃어버릴 수 있다.

제4유형: 특별해야 한다

4유형의 사람들은 미적인 감각과 예술적인 재능이 남다른 사람들이다.

그들은 뛰어난 심미안을 가지고 있어서 예외적이고 창조적인 사람이 되길 원하는데, 실제로 그들 중 많은 사람들은 예술가, 음악가, 시인 등이 되기도 한다. 4유형의 사람들은 평범하고 일상적인 것을 견디지 못하고, 사회의 규범이 자신에게는 통하지 않는다고 생각하는 경향이 있다. 그래서 그들은 종종 조직 사회에서 배척을 당하기도 한다. 그들은 어린 시절에 현실은 견딜 수 없고 무의미한 것이라는 경험을 했을 가능성이 있다.

4유형은 평범한 것, 진부한 것, 품위 없는 것, 시대에 뒤떨어진 것 그리고 보통 사람들이 정상적으로 생각하는 것들을 싫어하고 자신의 고유한 개성을 지나치게 추구하는 경향이 있어서 주위의 사람들에게 매우 개성적인 사람으로 여겨진다. 개성적인 것은 좋지만 지나치게 개성을 위한 개성을 추구하는 것은 집착일 가능성이 크다. 자칫 현실성을 잃어버릴 가능성이 있기 때문에 4유형의 사람들은 건강한 현실성을 인식해야 한다.

제5유형: 알아야 한다

5유형의 사람들은 객관적이고 호기심이 많으며 사물을 자세히 탐구할 뿐만 아니라 끊임없이 새로운 사물에 흥미를 느낀다.

5유형은 갖고자 하는 충동이 강하다. 그들은 하찮은 물건에 대해서도 수집욕이 대단하지만 특히 지식에 대한 욕구는 끝이 없다. 그들의 에너지는 온통 모든 것을 보고 모든 것을 눈에 넣는 일에 집중되어 있다. 5유형의 사람들은 지식을 추구해서 새로운 아이디어의 발견자, 연구가, 발명가가 되는 수가 많지만, 충분한 지식이 자기의 삶을 보장할 수 있으리라고 생각하여 새로운 지식이나 학설 등에 지나치게 매혹당하는 경향이 있다.

5유형의 사람들 중에는 사유의 범주 내에서 은둔할 뿐 좀처럼 행동으로 옮기지는 않는 사람들이 많은데, 그들의 대부분은 사회성이 결여되어 있어서 많은 사람들과 가깝게 있으면 쉽게 지치며 피곤해 한다. 알아야 한다는 지나친 집착에 빠져 있어서 사회성이 결여되어 있는 5유형의 사람들은 자기 세계에 빠지는 것을 경계하면서 다른 사람과 함께 하는 것을 배워야 한다.

제6유형: 안전하고 확실해야 한다

6유형은 따뜻한 마음을 가지고 있어서 사랑하는 사람들을 위해 최선을 다하지만 자기 자신에 대한 확신이 부족하여 쉽사리 자기 회의에 빠지는 사람들이다. 그래서 그들은 겁이 많고 의심이 많아 보인다.

6유형의 사람들을 의식적으로 혹은 무의식적으로 지배하는 것은 불안과 공포이며, 따라서 6유형의 사람들 중에는 편집증이 있는 사람들이 많다. 6유형의 사람들은 자신에 대해 품고 있는 불신을 다른 사람에게 투사하는 경향이 강하여 확실한 증거가 없는

데도 다른 사람을 의심하고 적의와 혐오감을 느끼곤 하는 경향도 강하다.

그들은 난폭하거나 냉정하면서도 감정 조절이 잘 안 되는 부모 밑에서 자란 사람들일 가능성이 많다. 그래서 그들은 기본적인 신뢰관계를 경험하지 못했다. 그들은 끊임없이 안전에 대한 욕구를 가지고 있어서 정통적이며 폐쇄적인 체계를 좋아한다. 공포증에 사로잡힌 어떤 6유형의 사람들은 소심하고 의심이 많으며 위험한 것은 아예 피해 버리는 반면에, 공포증에 사로잡힌 또 다른 어떤 유형은 극우파, 신나치, 오토바이 폭주족, 불량배 등의 무모한 행동에 자신을 던져 버리곤 하는데, 이것은 극단적인 행동으로 자신의 불안을 해소하려는 무의식적 동기 때문이다. 6유형의 사람들은 '친절의 사랑 명상' 혹은 자비명상을 수행해서 자기 자신과 다른 사람을 신뢰하고 사랑하는 법을 익혀야 한다.

제7유형: 고통을 피해야 한다

7유형의 사람들은 쾌활하고, 유머 감각이 있으며, 상상력이 풍부하고, 인생의 밝은 면을 보며 삶을 살아가려고 하므로 매사에 긍정적이다.

그들은 아이들과 잘 어울리고 아이들에게 인기가 많다. 많은 7유형들은 조직 사회에서 일하는 것보다는 자영업을 하는 것을 좋아하는데, 왜냐하면 그들은 천성적으로 반권위적이어서 상관의 간섭을 받는 것을 고통스러워하기 때문이다. 그들은 또한 대부분

많은 부하를 거느리는 것도 좋아하지 않는다. 권력을 행사하기 위하여 부하들을 통제하고 억압하다 보면 고통스러운 갈등이 야기될 수도 있기 때문이다. 3유형의 사람들이 실패를 견딜 수 없어 한다면, 7유형들은 고통을 느끼는 것을 거부한다.

많은 7유형들은 자라면서 겪은 큰 고통이나 정신적 충격을 억압하거나 지워버림으로써 다시는 그런 고통을 경험하고 싶어 하지 않는다. 그들은 어둠을 좋아하지 않으며 원색과 밝은 빛을 좋아한다. 그들은 고통을 회피한다. 그래서 모든 것이 즐겁고 아름답기를 원하기 때문에 엄연히 현실 속에 존재하는 고통을 직면하려고 하지 않는 경향이 있다.

7유형들은 명랑하고 긍정적인 것은 좋지만, 동시에 고통을 받아들이고 표현하는 법을 배워야 한다. 기독교에서 말하는 부활의 기쁨은 고통을 피함으로써 얻는 기쁨이 아니라 고통의 이면에 있는 기쁨이다. 7유형의 사람들은 우리가 사는 세상에 기쁨과 고통이 동시에 존재한다는 사실과 성장은 고통을 통해서 이루어진다는 사실을 깨달아야 한다.

제8유형: 맞서고 싶다

8유형의 사람들은 강한 자가 세상을 지배한다고 믿기 때문에 강하고 힘이 세다는 인상을 주려고 하는 사람들이다. 그들은 착하고 순종적인 사람이 되는 것을 거부하고, 반항하고 저항하는 태도를 가지고 있다. 역사적으로 보면, 유대인 대학살 때의 어린이들과 슬럼가의 어린이들이 8유형이 되는 경우가 많았다.

그들은 힘과 자신 이외에는 아무도, 아무것도 믿을 수가 없었다. 대체로 이런 환경에서 자란 사람들, 즉 혹사당하고 억압받아 온 사람들이 8유형이 되는 경우가 많다.

8유형의 사람들은 갈등을 일으키기를 좋아하고 맞서기를 좋아한다. 그래서 악명 높은 싸움꾼을 연상시키지만, 많은 8유형들은 약자 편이 되는 경향이 있다. 외부로 발산하는 강함과 힘의 이면에 부드럽고 상처받기 쉬운 감정들이 숨어 있기 때문이다.

8유형 중에는 마틴 루터 킹, 피델 카스트로, 체 게바라, 제시 잭슨 등 위대한 지도자들과 혁명가들이 많다. 대부분의 8유형들은 정신과 치료를 받는 것, 명상하는 것, 내면을 관찰하는 것 등을 특히 싫어한다. 이런 것들은 힘이 약한 자가 하는 것이라고 생각하기 때문이다.

8유형의 사람들은 관용을 배우는 것이 필요하다. 자기가 틀릴 때도 있고, 용서를 구해야 할 때도 있다는 것을 인정해야 한다. 그리고 이것은 약함이 아니라 진정한 용기라는 사실을 깨달아야 한다.

제9유형: 회피해야 한다

9유형의 사람들은 분쟁을 싫어하고 평화를 선호하는 사람들이다. 그들은 자신의 욕구보다 다른 사람들의 욕구에 더 민감하다. 많은 9유형들은 화가 나도 화를 보이면 안 된다고 배워서, 자신의 분노를 억압하기로 결정한 사람들이며 서로 갈등관계에 있는 양

측 사이에서 어느 편도 들지 못하고 양측을 조정하려고 애쓰는 사람들이다. 9유형은 종종 명확한 관점을 갖고 있지 않기 때문에 상대방의 관점을 쉽게 받아들이기도 하고 또 자신의 입장을 쉽게 바꾸기도 한다. 그들은 '아니오'라는 말을 잘 못한다. 그들은 자신을 과소평가하는 듯이 보이며 겸손해 보이기도 한다. 그래서 9유형 중에는 탁월한 지도자가 많지 않다. 그들은 다른 사람과 충돌하는 괴로움을 피하기 위하여 받아들일 수 없는 행동까지도 받아들이는 경우가 많다.

9유형의 사람들이 배워야 할 것은 '예' 할 것은 '예' 하고 '아니오' 할 것은 '아니오' 할 수 있는 용기이며, 문제를 회피하지 말고 문제에 직면해서 극복하는 용기이다.

나는 명상 중에 에니어그램의 아홉 가지 성격이 내 안에 어떻게 얼마나 있는가를 성찰해 보았다. 오랜 기간에 걸쳐 살펴보았다. 신기하게도 나의 내면에는 에니어그램의 아홉 가지 성격이 다 존재하고 있었다. 나는 아싸지올리의 보다 높은 자아로 나의 정체성을 삼고, 에니어그램의 각 성격에 있는 긍정적인 면은 강화시키고, 부정적인 면은 고치려고 노력했다.

나의 자아는 크게 성장했고, 자존감도 높아졌다. 마음에는 평화와 만족감 그리고 잔잔한 기쁨joy이 스며들었다. 에니어그램은 자기를 발견하고 이해하는 데 도움이 된다. 이것은 내가 다른 사람을 분석하거나 또는 다른 사람이 나를 분석하는, 분석 자체에 목적이 있는 것이 아니라, 내가 누구인지, 나는 어떤 유형의 성격이 발달되어 있는지 그리고 그 유형의 성격에 얼마나 집착하고 있는지를 살펴보고, 성장 지향적으로 자신을 변화시키는 데에 의미가 있다 하겠다.

❖ 제4단계 명상 연습

1. 명상의 침묵 속에서 인간의 실존에 대해 성찰해 보라. 나는 어디서 왔으며, 이 짧은 한 생을 살다가 어디로 가는가? 이 물음은 너무 자주 들어서 진부한 느낌이 있지만, 이 물음은 인간에게 가장 궁극적이고, 피할 수 없는 물음이다. 다시 한번 옷깃을 여미고 진지하게 이 물음을 바라보라.

2. 당신은 인간의 탄생이 '이 세상에 내던져진 것'이라고 생각하는가, 혹은 '이 세상에 초대된 것'이라고 생각하는가?

3. 실존적 공허감에 대해 살펴보라.

4. 위빠사나 명상에서 말하는 무상無常, 고苦, 무아無我에 대해 성찰해 보라. 그에 대한 당신의 생각은 무엇인가?

5. 남편으로서, 아내로서, 부모로서, 자식으로서 그리고 당신의 직책에서 당신은 자신을 누구라고 생각하는가?

6. 정체성 차원에서 다음의 물음들을 명상 중에 깊이 성찰해 보라.
   나는 누구인가?
   나는 무엇을 하려고 하는가, 즉 나의 목표는 무엇인가?

나의 목표와 관련해서 내가 감당해야 할 책임은 무엇인가?
나의 성격이나 인성은 그 목표에 합당한가?
그렇다면 나는 무엇을 해야 할 것인가?

7. 당신의 성격의 요소인 원본능, 자아, 초자아를 살펴보고, 당신은 어느 요소가 특히 강화되어 있는지 살펴보라.

8. 침묵명상으로 내면의 고요를 형성한 다음, 머리에 떠오르는 당신의 과거를 바라보라. 특히 어린 시절의 경험을 살펴보라. 그리고 그것들이 현재의 당신의 존재양태 형성에 어떤 영향을 끼쳤는지 살펴보라.

9. 당신의 열등감을 살펴보라. 당신의 열등감은 순기능적으로 작용하고 있는가, 아니면 역기능적으로 작용하고 있는가?

10. 명상 중에 당신에게 자아초월 욕구가 있는지 살펴보고, 있다면 어떻게 발달되어 가고 있는지 성찰해 보라.

11. 당신은 절정경험을 해본 적이 있는가? 있다면 어떤 것이었는지 기억해 보라.

12. 일반적으로 당신은 D 사랑을 하고 있는가, 혹은 B 사랑을 하고 있는가?

13. 당신은 융의 개체화individuation 개념을 이해하고 있는가?

14. 당신은 자아실현을 했다고 생각하는가? 그것은 만족할만한 수준인가?

15. 당신이 쓰고 있는 페르소나는 어떤 것인가?

16. 내면의 고요를 형성한 다음 당신의 그림자shadow는 어떤 것인지 살펴보라. 당신의 그림자를 인식할 수 있는가?

17. 명상 중에 에니어그램의 성격 아홉 가지 유형을 하나하나 당신의 성격에 비추어 보고, 당신이 얼마나 성장하고 치유되고 있는지 살펴보라.

　1유형을 예로 들어보겠다.
　1유형의 성격과 특성 그리고 1유형 성격의 장점과 단점을 침묵 가운데서 살펴본다. 1유형 성격의 장점은 무엇이며 또 단점은 무엇인가? 그리고 나의 성격 중에서 '완전해야 한다'는 1유형의 요소가 얼마나 강한지, 또 거기에 얼마나 집착하고 있는지를 살펴보라. 이제 '완전해야 한다'는 나의 성격이 왜 그렇게 강하게 형성되었는지, 거기에 왜 그렇게 집착하고 있는지, 또 나의 그런 성격으로 나 자신과 다른 사람이 얼마나 고통을 받고 있는가 하는 점 등을 살펴보라.

어린 시절에 부모와 형제에게 받은 영향을 생각해 보라. 그리고 당신에게 중요한 영향을 끼친 다른 사람들, 예를 들어, 학교 선생님, 당신이 다니는 종교의 성직자, 당신이 즐겨 읽은 책의 저자들을 살펴보라. 그들의 성격과 행동, 태도 그리고 가치관, 인생관 등이 어떻게 당신의 정신세계에 스며들고 있는지 생생하게 느껴보라.

만일 자신의 성격의 문제점과 집착이 통찰되면, "이것은 나의 참 모습이 아니다. 이것은 나의 왜곡된 모습일 뿐이다. 집착에서 벗어나서 본래 나의 모습을 회복해야겠다"하고 자신에게 거듭거듭 만트라처럼 말해 보라.

보다 높은 자아로 에니어그램에 나타나는 자신의 성격을 통합하여 바라보는 훈련을 하라.

다른 유형에 대해서도 같은 방법으로 해보라. 그러는 가운데 자신의 성격과 그 성격의 장점, 단점이 확실하게 파악되고, 명상을 통하여 성장과 치유를 경험한다면 당신의 입가에 저절로 미소가 감돌게 될 것이다.

제5단계

마음디자인 명상

마음디자인 명상

지금처럼 세상이 정신없이 빨리 변화해 가는 시대는 인류 역사상 일찍이 없었다. 미래는 4차 산업혁명의 시대라고 말하고 있고, 4차 산업혁명 시대에 중요한 화두는 단연 인공지능AI일 것이다. 미래에는 인공지능이 여러 분야에서 인간을 대체하리라는 것은 확실해 보인다.

인공지능과 함께 이 시대의 중요한 화두 중에 하나는 디자인이다. 인공지능의 시대가 활짝 열려도 디자인의 중요성은 전혀 줄어들지 않을 것이다. 건축도, 스마트폰도, 냉장고나 TV 같은 전자기기도, 인공지능의 꽃이라고 불러도 좋을 로봇도 모두 디자인이 강조되고 있다.

나는 오랜 세월 동안 명상을 즐겨왔는데, 문득 이제는 삶의 겉껍질들만이 아니라 삶 자체도 디자인해가야 하는 것이 아닌가 하는 생각을 하게 되었다. 그러려면 삶의 청사진인 마음을 먼저 디자인해야 할 것이다.

사실 인류 역사상 수많은 현자들, 철학자들, 사상가들이 마음 디자인이라는 말만 쓰지 않았을 뿐이지 내용상으로는 마음 디자인에 대해 보석 같은 수많은 지혜의 말들로 사람들을 가르쳤다. 내가 모아놓은 지혜의 말들을 책으로 쓰면 수백 쪽의 책으로도 부족할 것이다. 그리고 나는 그런 지혜의 말들을 이미 내가 쓴『치유명상』,『마음 디자인』그리고『넓이와 깊이』등의 책에 실어놓았다.

여기서는 그 책들에 실려 있는 내용 중에 중요하다고 생각되는 일부를 새로운 시각으로 정리하여 소개하고자 한다. 이 책으로 명상의 기본적인 내용을 익힌 후에 그 책들을 더 읽어보기를 권한다.

일체유심조一切唯心造, 즉 모든 것은 마음먹기에 달렸다. 행복한 마음을 디자인한 사람은 행복하게 살 것이고, 불행한 마음을 디자인한 사람은 불행하게 살 것이다. 그물에 걸리지 않는 바람 같은 마음을 디자인한 사람은 대자유인으로 살 것이고, 틀에 갇힌 폐쇄적인 마음을 디자인한 사람은 전전긍긍하며 쫓기는 짐승처럼 살 것이다.

여기에서 정말 중요한 한 가지 사실이 있다. 지혜의 말로 마음을 디자인 했어도 이것을 인지의 차원에서 머무르면 별로 효과가 없다. 지혜의 말로 마음을 디자인하면 그것을 의식 속으로 스며들게 해야 한다. 지혜의 말로 디자인한 마음을 의식 속으로 스며들게 하는 방법은 내가 알고 있는 한 명상이 최고의 도구이다.

윌리엄 제임스William James는 "생각이 바뀌면 행동이 바뀌고, 행동이 바뀌면 습관이 바뀌고, 습관이 바뀌면 인격이 바뀌고, 인격이

바뀌면 운명도 바뀐다"고 말했다. 여기에서는 내가 운명도 바꿀 수
있는 매우 중요하다고 생각하는 몇 가지의 마음의 태도를 제시한
다. 그러나 좀 더 다양하고 깊이 있는 내용들은 내가 쓴 세 권의
책, 즉『치유명상』,『마음 디자인』,『넓이와 깊이』등을 참고하기
바란다.

I. 긍정적인 마음을 품어라

세상의 거의 모든 사람은 자신들이 긍정적인 마음을 가져야한다고 생각할 것이다. 그리고 긍정적인 생각이 좋은 일이고 옳은것인지도 알고 있다. 그러나 긍정적인 마음을 디자인하여 가슴에품고 생활하는 사람은 별로 많지 않다.

긍정적인 마음이란 무엇인가? 그리고 긍정적임 마음이 주는효과는 무엇이며 의미는 또 무엇일까? 긍정적인 마음이 왜 중요한가?

세상의 모든 일에는 반드시 긍정적인 면과 부정적인 면이 같이 존재한다. 그런데 어떤 일의 긍정적인 면에 관심을 집중하면,생명지향적인 힘이 생긴다. 생명지향적인 힘은 희망, 기쁨, 의미,열정 등의 감정을 품고 있으며 결과적으로는 행복으로 인도한다.

의미요법의 창시자인 빅터 프랭클Victor Frankl이 죽음의 나치 수용소에서 어떤 한 여인을 만났다. 모두가 죽음의 공포 속에서 제정신을 잃고 살아가고 있는 가운데서도 그녀는 미소를 잃지 않고 있었다. 이렇게 무서운 공포 속에서도 어떻게 그렇게 평온한 미소와자세를 가질 수 있느냐는 프랭클의 질문에 그녀는 이렇게 대답했다.

나는 나를 이처럼 혼나게 한 운명에 오히려 감사하고 있어요. 왜나하면, 이전의 부르주아적 생활에서 너무 안일하게 살아오면서진정한 의미의 정신적인 소망을 추구하지 못했는데 이처럼 혼나면서 비로소 인생의 의미를 깨닫게 되었으니까요.

이 여인은 자유를 박탈당하고 언제라도 가스실로 갈 상황에서도 나름대로의 의미를 찾게 되자 긍정적인 생각을 하게 되고 두려움을 떨쳐버릴 수 있었던 것이다.

이런 끔찍한 상황에서도 긍정적인 면을 찾아 두려움을 떨쳐버릴 수 있다면, 일상생활 속에서 어떤 일에 직면했을 때 긍정적인 면을 발견하여 마음의 안정을 찾는 일쯤은 그리 어려운 일이 아닐 것이다. 문제는 어떤 마음을 먹느냐 하는 것이다. 즉, 문제의 긍정적인 면을 보느냐, 아니면 부정적인 면을 보느냐 하는 선택의 문제이다.

나의 젊은 시절 친구들 중에 대학에 가지 못한 친구들이 꽤 많이 있었다. 대학에 떨어져서 혹은 대학에 진학할 경제적 형편이 안돼서 대학 공부를 포기한 친구들이었다. 그런데 어떤 친구들은 술로 혹은 건달로 살면서 인생을 낭비한 경우가 있는가 하면, 또 어떤 친구들은 다른 사람들이 대학에 가 있는 4년 동안 사회에서 온갖 경험을 하면서 자신의 적성을 키워나간 결과 주위에서 인정을 받는 가치 있는 삶을 살고 있는 경우도 있었다.

전자는 "대학에 못가면 결국 3류 인생이 되는 거지… 이놈의 인생 되는대로 사는 거지…"라고 생각한 친구들이고, 후자는 "대학이 인생의 전부는 아니다. 대학에 못 가는 것이 마음은 아프지만 친구들이 대학에 가 있는 4년을 나는 사회에서 나 자신을 발전시키는 일로 보충하겠어" 하고 긍정적으로 생각한 친구들이다.

어떤 일에 직면하여 긍정적인 생각과 태도를 취하느냐, 혹은 부정적인 생각과 태도를 취하느냐 하는 것은 오로지 자신의 선택에 달려 있다. 긍정 심리학자로 유명한 마틴 셀리그먼Martin Seligman은 행복의 첫 번째 요소로 긍정적 마음을 꼽았다.

누구나 행복을 원한다. 그런데 행복하려면 먼저 긍정적 마음을 가지라고 그는 주장하는 것이다.

『시크릿』이란 책을 쓴 론다 번Rhonda Byrne은 사람이 내뱉는 말은 우주의 어떤 신비한 메카니즘에 의해서 그 말을 한 사람에게 그대로 되돌아온다고 주장한다.

우주에 이런 신비한 메카니즘이 정말 존재하는지 어떤지는 잘 모르겠지만, 우리가 자주 사용하는 말이 결과물이 되어 우리 자신에게 일어나는 것만은 분명한 사실인 것 같다. "짜증나 죽겠어!"라는 말을 습관적으로 반복해서 계속하다 보면 실제로 짜증이 나서 죽을 것 같은 일만 계속 생기고, "고마워" 또는 "행복해"라는 말을 자주 하면 실제로 고마운 일, 행복한 일이 계속 생긴다.

공자가 어느 날, 벼슬길에 갓 나간 조카 공멸에게 이 벼슬자리에서 얻은 것은 무엇이며, 잃은 것은 무엇이냐고 질문을 했다.

공멸은 얻은 것은 없고 세 가지를 잃었는데, 즉 일이 많아 공부를 못했고, 보수가 적어 친척 대접을 못했으며, 공무가 바빠서 친구와 사이가 멀어졌다고 대답했다.

며칠 후 공자는 공멸과 비슷한 시기에 같은 벼슬길에 나간 제자 자천에게도 같은 질문을 했다.

자천은 잃은 것은 없고 세 가지를 얻었는데, 배운 것을 실행해 보게 되어 배운 내용이 더욱 확실해졌고, 보수를 아껴 친척을 접대하니 더욱 친숙해졌으며, 공무의 여가에 친구들과 교제하니 우정이 더욱 두터워졌다고 대답했다.

우리는 이 세상에 태어났다가 언젠가는 이 세상을 떠난다. 그런데 이 세상에서 살아가는 동안 진정으로 행복하게, 의미 있게 그리고 가치 있게 살기를 원하는가? 만약 그렇다면 먼저 긍정적인 마음을 디자인하여 가슴에 품고 살아야 한다.

II. 하는 일에 최선을 다하되 결과에 집착하지는 마라

우리는 세속을 등지고 출가하거나 수도자가 되지 않는 이상 세상에 발을 붙이고 살아갈 수밖에 없다. 그렇다면, 세상에서 우리가 해야 할 일은 최선을 다해서 그 일에서 유능한 사람이 되어야 한다. 유능한 사람이란 꼭 그 분야에서 1등이나 혹은 2등을 하는 최고가 되는 것을 의미하지 않는다.

유능한 사람이란 자기가 하는 일에 정통하고, 자기가 하는 일을 즐기고, 자기가 하는 일에 대해서 혹시 다른 사람이 물어오면 대답해 줄 수 있고 도와줄 수 있는 사람을 말한다. 이것은 노력하면 누구나 다 할 수 있는 일이다.

그런데 자기가 하는 일에 최선을 다하지 않는 사람들이 많다. 학생은 최선을 다해서 공부를 해야 하고, 교수는 최선을 다해서 연구하고 가르쳐야 하며, 의사는 최선을 다해서 치료해야 하고, 요리사는 최선을 다해서 요리해야 한다. 그리고는 자기가 한 일에 대해서 그 결과에 너무 집착하지 않아야 한다. 그래야 마음이 평화롭고 행복하다.

물론 이게 말처럼 그렇게 쉬운 일은 아니다.

지금은 8세인 큰 손자가 2세 때의 일이다. 그때 딸과 사위는 직장에 다니고 있었으므로 우리 부부가 손자를 돌보았다. 나는 아이를 유모차에 태우고는 아파트 주위를 돌아다니기도 하고, 놀이터에 가서 큰 아이들이 뛰어노는 것을 손자에게 보여주기도 했다.

인천에서 목동까지 손자를 돌보러 오는 어떤 할아버지가 있었다, 나는 그와 친해져서 가끔 이런저런 이야기를 나누기도 했다.

어느 날, 그가 나에게 물었다.

"돌봐주는 그 아이는 친손자입니까, 아니면 외손자입니까?"

내가 대답했다.

"네, 외손자인데요."

그가 말했다.

"외손자는 봐줘야 아무 소용없습니다."

"왜요?"

"키워봐야 크면 다 친가에 가고요, 제사도 안 지내 줘요. 커서 돈을 벌어도 용돈도 안 줍니다."

나는 생각이 달랐다. 그러나 대놓고 그의 말을 반박하면 자칫 상처를 줄 수 있어서 그의 마음에 상처를 주지 않도록 조심하면서 말했다.

"저기, 저는 생각이 좀 다릅니다. 내가 아이를 돌보는 것은 생명을 키운다는 생각으로 즐기며 하는 거고요, 나중에 이 아이가 제사를 지내주거나 용돈을 주는 일에는 아예 관심이 없답니다."

사실 그렇다. 아이를 키우면 그걸로 즐기고 만족해야지, 나중에 무슨 보상을 받겠다는 기대는 하지 않는 게 좋다. 기대하면 마음에 상처를 받고 섭섭하게 될 가능성이 크다.

나는 요즘 〈동치미〉라는 연예 프로그램 하나를 즐겨 보는데, 볼 때마다 부모들이 자녀들에게 너무 집착하고 있다는 생각을 하곤 한다. 며느리와 시어머니, 사위와 장모의 갈등은 대부분 시어머니나 장모의 자녀에 대한 집착에서 비롯된다. 자녀가 결혼하면 자녀에 대한 집착은 그만 내려놓아야 한다. 집착을 내려놓지 못하는 데에서 갈등과 원망과 불행이 싹트는 것이다.

어떤 일에 최선을 다했으면, 결과가 마음에 들지 않아도 그것으로 만족하는 법을 배우라. 원망, 미움, 분노, 상처, 회한 등을 걸머쥐고 에너지를 고갈시켜서 인생을 낭비하지 말라. 그것들을 내려놓아라. 그리고 흘려보내라(let go).

III. 감동하고 감탄하라

명상하는 사람은 감동하고 감탄하는 마음을 디자인할 수 있어야 한다. 감동하고 감탄하는 습관은 경외심을 깨우고(awe-awakening), 경외심은 잠들어 있는 영성의 스위치를 켠다.

아침에 오솔길을 걸으면서 마음챙김을 하여 새소리를 들어보라. 새소리를 들으면서 생명의 신비에 감탄해보라. 숲속을 걸으면서 피어 있는 꽃들을 바라보며 감탄하라. 그 화려하고 진한 색깔은 어디에서 왔을까? 정신을 맑게 정화시켜주는 그 향기는 또 어디에서 왔을까? 생각할수록 신비하지 않은가? 조금만 관심을 가지고 뭇 존재들을 바라보면 세상에 신기하지 않은 것이 없다. 신기하다고 느끼면 감탄하지 않을 수 없다.

명상하다 일어나는 일 중에 하나는 존재의 본질을 바라보다 신비함에 눈뜨고, 그 신비함에 감동하고 감탄하는 마음을 일으키는 것이다.

나는 명상 중에 가끔 우주에 대해 살펴본다. 우주는 크기가 얼마나 될까?

빛의 속도는 초속 30만km라고 한다. 이런 속도로 달리면 1초에 지구 주위를 7바퀴 반을 달릴 수 있다. 그런데 이런 속도로 달려도 우주를 가로질러 달리는 데는 200억 년 이상이 걸린다고 한다. 도무지 상상하기조차 어려운 거리다.

나는 가끔 밤하늘의 별을 보며 세어본다. 셀 수 없이 많은 별들이 하늘에 걸려 있다. 그런데 우주에는 저런 별들이 몇 개나 있을까? 우리가 살고 있는 지구가 속해 있는 은하계에는 약 5천억 개의 별이 있다고 한다. 그리고 우주에는 그런 은하계가 또 5천억 내지 1조 개 이상이 있다고 한다. 도무지 크기가 상상이 안 된다. 감탄할 수밖에 없다.

　이전에는 그저 감탄으로 끝났다. 그런데 나이가 들어가며 영성이 깊어진 탓인지 요즘은 감탄 이전에 감동이 먼저 나의 정서를 지배한다.

　　세상에… 우주란 이렇게 큰 것이구나… 우주에서 지구는 운동장
　　에서 모래 한 알 정도의 크기도 안 되겠구나… 그 안에서 나는
　　….

　명상 중에 이런 생각을 하다가 나는 가끔 눈물을 흘리곤 한다. 그 눈물은 기쁨의 눈물도 아니고, 슬픔의 눈물도 아니다. 나는 그 눈물의 정체를 아직 정확하게 파악은 못하지만, 나는 이것을 감동의 눈물이라고 생각하고 있다.

　사람들은 행복을 보통 외부의 성공에서 찾는다. 일의 성공도 행복의 중요한 요소임에는 틀림없지만, 그보다 더 중요한 것은 일상생활에서 경험하는 모든 일에서 의미와 신비를 발견하고, 그 의미와 신비에 대하여 감동하고 감탄하는 일이다.

　아침에 눈을 뜨면서 사물을 볼 수 있다는 사실에 감동하고, 음

식을 먹으면서 이렇게 맛있는 음식을 만들 수 있는 요리사의 솜씨
에 감탄하고, 내가 들어갈 때까지 문을 열고 잡아주는 어떤 젊은이
의 친절에 감동하고, 부지런히 음식을 나르며 집을 짓고 있는 개미
들을 바라보며 감탄의 신음소리를 내며, 잠들어 있는 아내의 얼굴
을 바라보면서 인연의 신비에 감탄하는 일들이야말로 참으로 인
생을 행복하게 만들고 풍부하게 만든다.

명상은 이 모든 것을 가능하게 만들어준다.

IV. 감사하라

명상하는 사람의 또 하나의 특징은 모든 일에 감사하는 마음을 갖는 일이다. 감사하는 마음은 긍정적인 생각, 감동하고 감탄하는 태도 등과 모두 궤를 같이 하는 것이다. 긍정적인 생각으로 바라보니 감사하게 되고, 감사하는 마음으로 보니 감동과 감탄이 일어나게 되는 것이다.

『종이학』이란 책을 써서 유명해진 이무라 가즈키오라는 의사는 31세라는 젊은 나이에 암으로 세상을 떠났는데, 그는 암으로 한쪽 다리를 절단했지만 죽기 직전까지 초인적인 힘으로 환자들을 돌보다가 세상을 떠났다.

그가 인간의 행복과 감사와 기쁨에 대해 한 말들을 정리하면 이런 것들이다.

아버지가 있고 어머니가 있으면 그것 자체가 기쁨이고 행복이다. 손과 발이 둘 다 제대로 붙어 있어 가고 싶은 곳을 갈 수 있고, 잡고 싶은 것을 손을 뻗어 잡을 수 있으면 그것이 기쁨이고 행복이다. 소리를 들을 수 있고, 말을 할 수 있으면 이보다 더 큰 행복이 있겠는가? 밤이 되면 편히 잠들 수 있고, 아침이 되면 눈을 떠서 볼 수 있으며 그리고 신선한 공기를 실컷 들이마실 수 있으면 그것이 곧 기쁨이고 행복하다. 낮이 되면 사람들을 만나고, 웃다가, 울다가, 고함치다가 그리고 뛰어다니다가, 저녁이 되어 가족이 모여 이야기하며 맛있는 음식을 함께 먹으면 이것이 기쁨이고 행복이다.

그런데 사람들은 이렇게 멋진 일을 기뻐하며 감사할 줄 모른다. 이런 일이야말로 진정 기쁜 일이며 고마운 일이라는 사실을 아는 사람들은 그것들을 잃어버린 사람들뿐이다.

그런데 이무라 가즈키오처럼 신체적인 장애를 겪지 않고도 일상생활에서의 소소한 일에서 기쁨과 행복을 얻을 수 있는 방법이 있을까? 물론 그런 방법이 있다. 그것은 명상을 통해서 감사하는 마음을 디자인하면 가능하다. 명상은 조그마한 일에서 우주보다 큰 신비와 감탄과 감사함을 경험한다.

감사하는 마음은 사람과 사람 사이를 확고하게 연결시켜 준다. 남편과 아내, 부모와 자녀, 그 외의 모든 인간관계에서 감사하는 마음은 각각의 존재들을 하나로 연결시켜 준다.

감사하는 마음은 인간의 영성을 한 단계 더 성숙시킨다. 형식적으로 감사하는 것이 아니라 진정으로 감사해야 한다. 이건 참 중요한 것이다. 이렇게 말하면 어떤 사람은 너무 뻔한 얘기라고 가볍게 생각할지 모르지만, 감사하는 마음을 실천하는 것은 정말 쉽지 않다.

어떤 사람이 행복하게 해달라고 하늘에 빌었다. 그러자 하늘이 대답했다. 먼저 감사하는 법을 배우라고. 그러면 행복해진다고.

감사하는 마음은 진실로 명상하는 사람의 마음이다.

V. 전체를 보는 마음의 눈을 만들어라

명상하는 사람은 전체를 보는 눈을 가져야 한다. 공간에 어떤 물체가 있는데, 위에서 빛을 비추니까 둥근 원 모양의 그림자가 나타났다. 그렇다고 하여 공간에 있는 물체를 공 같은 둥근 물체라고 단정지어서는 안 된다. 공간에 있는 물체를 옆에서 빛을 비추었더니 사각형의 그림자가 나타났다. 그렇다면 공간에 있는 물체는 원통형의 물체일 것이다.

최저임금을 올렸더니 파산하는 소상공인들이 늘어났고, 대학 강사들의 처우를 개선했더니 강사들이 대학에서 일자리를 잃어버리는 것도 의도 자체가 잘못된 것이 아니라 전체를 보는 눈이 결여된 정책에서 비롯된 것이다. 하나는 봤는데 전체는 못 본 것이다.

일상생활에서도 이와 비슷한 일은 비일비재하다. 사물의 한 면만을 보고 그것을 진리라고 우겨서는 안 된다. 코끼리의 다리를 만져보고 코끼리는 통나무 같다고 한다든지, 코끼리의 몸통을 만져보고 코끼리는 벽과 같다고 한다든지, 코끼리의 코를 만져보고 코끼리는 뱀같이 생긴 동물이라고 우겨서는 안 된다.

심리치료사들도 상담에서 가끔 실패하는 경우가 있다. 어떤 심리적인 혼란을 겪고 있는 사람에게 이성적인 대처 방법만을 강조하다가 치료에 효과가 없으면, 이성이 빈약한 사람이어서 그렇다고 단정지어 버리는 경우가 있다. 사람에게는 이성과 감정이 있다. 그런데 감정이 상해 있는 경우에는 감정의 치료가 먼저이고,

이성적인 대처방안이 그 다음이다. 이 순서를 바꾸면 결코 치유는
일어나지 않는다. 이것은 압력밥솥과 같은 이치다. 압력밥솥의 밥
을 먹으려면 먼저 압력밥솥의 증기를 빼야 압력밥솥의 뚜껑을 열
고 밥을 먹을 수 있는 것과 같은 이치다. TV나 교실에서의 토론은
말할 것도 없고, 나는 명상하는 사람들에게서도 이런 현상을 가끔
보곤 한다. 명상하는 사람들에게서 이런 현상을 보는 것은 실망스
런 일이다.

　어떤 일이든지 긍정적인 면과 부정적인 면이 있다. 명상하는
사람은 어떤 일에서 긍정적인 면과 그 결과를 볼 수 있어야 하고,
부정적인 면과 그 결과도 볼 수 있어야 한다. 긍정적인 면에 감춰

져 있는 부정적인 면을 볼 수 있어야 하고, 부정적인 면에 숨어 있는 긍정적인 면을 볼 수 있어야 한다.

사람들은 보통 고통을 나쁜 것으로 보고 피하려고만 한다. 그러나 성장은 고통 속에서 이뤄진다는 점을 생각하면 고통은 우리의 스승이 되는 것이다. 고통 속에 있는 긍정적인 면을 보면 우리는 성장하게 되고, 고통 속에 있는 부정적인 면만 보면 우리는 무너지고 망가지게 된다. 명상하는 사람은 모름지기 전체를 볼 수 있는 눈을 마련해야 할 것이다.

VI. 높은 자존감을 가져라

앞에서도 언급했지만 자존심pride과 자존감self-esteem은 일상생활에서 별다른 차이 없이 비슷한 뜻으로 사용된다. 그러나 자존심 혹은 자부심은 기본적으로 다른 사람과 비교하는 데에서 오는 감정인 반면, 자존감은 자신의 존재를 있는 그대로 존중하는 감정이다.

자존감이 높은 사람은 자신의 존재 자체를 존중하기 때문에 자신의 좋은 점뿐만 아니라 부족한 점도 다 수용한다. 이런 태도는 다른 사람에게도 그대로 적용된다. 다른 사람을 대할 때 그 사람의 존재 자체를 존중하기 때문에 그가 가지고 있는 돈이나 권력 따위는 그다지 신경 쓰지 않는다. 자존감이 높은 사람은 재산이나 권력을 자랑하지 않는다. 대신에 다른 사람과의 인간관계를 자랑한다. 아내나 자식 손자, 혹은 친구의 행복을 중요 관심사로 삼는다.

자존감이 높은 사람은 다른 사람의 행복에 대해 감탄하면서 같이 즐거워한다. 그러나 자존감이 낮은 사람은 다른 사람의 행복에 대해 불편해하고 시기한다. 그래서 "배가 고픈 건 참겠는데, 배가 아픈 건 못 참겠다"라는 말이 나온 건지도 모르겠다. 자존감이 높은 사람들과 함께 있으면 편안하고 즐겁다.

당신은 다른 사람에게 어떤 존재인가? 다른 사람에게 평화와 행복을 주는 존재인가, 아니면 불편함과 불쾌감을 주는 존재인가? 다른 사람이 자녀 혹은 손자들의 사진을 보여줄 때 감탄하며 관심을 나타내는가, 아니면 시무룩하며 "손자 자랑하려면 만 원 내고 하세요" 등의 말을 내뱉는가?

　자존감이 높은 사람은 물과 같고 공기와 같다. 시원하고 따뜻하다. 명상하는 사람은 자존감이 높아야 한다. 명상하는 사람이 자존감이 낮다면 명상을 잘못한 것이다.

VII. 매일 숨 쉬듯 자연스럽게 자비심 명상을 하라

생명의 가치는 사랑하는 마음과 사랑을 실천하는 행동 속에 존재한다. 사랑은 나와 타인을 의미 있게 연결해 주고, 인간과 신神의 연결 고리가 되며, 생명이 생명으로 존재하는 이유가 된다.

이런 까닭에 우리는 살아서 숨을 쉬고 있는 한 자비심 명상을 해야 한다. 자慈는 사랑하는 마음이며, 비悲는 불쌍히 여기는 마음이다.

삶은 축복이며 행복이기도 하지만, 다른 한편으로는 고통의 연속이기도 하다. 붓다가 삶을 생노병사生老病死의 고통의 바다라고 이해한 것은 삶의 실상이 바로 고통이라는 사실을 깨달았기 때문일 것이다.

자비의 마음이란, 이 세상에 자신이 원하지도 않은 채 태어나서, 고통 속에 살다가 마침내는 소멸되는 모든 생명에 대한 사랑이며 불쌍히 여기는 마음이다. 자비심 명상을 영어로는 '친절한 사랑 loving-kindness 명상'이라고 번역하기도 한다. 사랑의 실천을 염두에 둔 번역이라고 생각한다. 생명 있는 모든 존재는 매 순간 숨을 쉬어야 하듯이, 생명 있는 모든 존재는 매 순간 생명을 숨 쉬어야 한다. 생명을 숨 쉬는 하나의 방법이 바로 자비심 명상이다.

자비심 명상을 하는 방법은 앞에서 이미 언급했지만 여기서 다시 간단하게 언급한다.

먼저 보다 높은 자아로 자신의 정체성을 확인한 후, 현재 의식

속의 '나'를 꼭 껴안으면서 등을 토닥이며 말한다.

"상처 받은 나의 어린 자아여, 나는 네가 고통에서 벗어나서 편안하기를… 깨달음을 얻어 행복하고 자유롭기를 바란다."

다음에는 사랑하는 사람을 마음에 떠올려 본다. 그리고 그를 꼭 껴안고 자신에게 했던 말을 그에게도 해본다.

"나는 당신을 사랑합니다. 당신의 전존재를 사랑합니다. 사랑합니다. 나는 당신이 고통에서 벗어나고, 번민에서 벗어나고, 마음의 아픈 상처에서 벗어나기를 빕니다. 그리고 소망을 이루어 행복하기를 바랍니다. 진실로 행복하기를, 행복하기를….'

이제 당신이 아는 사람들에게 똑같은 방법으로 자비의 마음을 베풀어 보라. 다음에는 당신이 모르는 사람들에게도 똑같은 방법으로 자비의 마음을 보내어 보라.

이제는 사람뿐만 아니라 동물들에게도, 식물들에게도, 심지어는 지구의 생명체를 넘어 우주 저쪽 반대편에 있는 생명체에게까지도 자비의 마음을 보내 보라.

당신 존재의 중심으로부터 불쌍히 여기는 마음, 사랑하는 마음이 퍼져 나와서 마침내 자비심이 당신의 전 존재를 가득 채우게 해보라.

그런 후에 당신이 미워하고 싫어하는 사람을 떠올려 본다. 그에게 측은한 마음이 일어나면, 당신이 좋아하는 사람에게 했던 것과 똑같이 해본다.

만약 거부감이 생기면, 무리하게 행하지 말고 다음으로 미루었다가 마음이 충분히 너그러워지면 그때 행하도록 한다.

자비심 명상은 병원에서 지루하게 차례를 기다릴 때, 교통체증으로 꽉 막힌 도로에서, 혹은 자투리 시간이 날 때 등, 환경이 허락되면 언제 어디서든 할 수 있다.

VIII. 죽음과 친하라

죽음이란 무엇인가?

죽음의 문제는 피할 수 없는 인간의 영원한 화두이다.

칼 융은 사람은 네 번 태어난다고 했다. 첫 번째 탄생은 어머니의 자궁에서 태어나는 자연적 탄생이고, 두 번째 탄생은 사춘기이며, 세 번째 탄생은 의미의 세계에 눈 뜨는 영성의 탄생이고, 네 번째 탄생은 이 세상을 떠나 저세상에 태어나는 탄생이라고 했다.

이 세상을 떠나 저세상에 태어나는 탄생이란 곧 죽음을 의미하는 것이다. 그러니까 융은 죽음을 또 하나의 탄생으로 보고 있는 것이다.

그러나 또 어떤 사람들은 죽음을 저세상으로 태어나는 탄생으로 보는 것은 무리라고 생각한다. 죽음은 한 유기체의 생명 기능이 끝나는 것이지, 그 이상도 그 이하도 아니라는 것이다.

죽음이란 무엇인가? 이 물음은 종교인과 철학자뿐만 아니라 시공時空을 초월하여 모든 사람들이 공통적으로 가지고 있는 질문이다.

대부분의 젊은 사람들과 성공한 어떤 사람들은 너무나 위풍당당하여 무서울 게 없고 거리낄 게 없는 것처럼 보인다. 그러나 어느 날 갑자기 암 같은 치명적인 병으로 인하여 죽음이 찾아오면 너무 무섭고 당황스러워 두려움에 떤다. 그 위풍당당하던 사람이 한순간에 초라하고 가엾은 존재로 전락하고 마는 것이다.

실존철학자인 하이데거M. Heidegger는 죽음은 인간에게 끊임없이 들려오는 배경음악이라고 말했다. 사느라고 바쁠 때는 배경음악에 별로 신경을 쓰지 않지만, 죽음이 현실로 코앞에 닥쳤을 때는 죽음에 대하여 준비가 되어 있지 않은 사람은 당황하고 두려워하는 것이 당연하다. 붓다는 죽음을 고통으로 보았다. 그래서 끊임없이 고통의 바다에 내던져지는 윤회의 고리를 끊기 위하여 깨달음이 필요하다고 가르쳤다.

불교의 영향을 받은 염세주의 철학자인 쇼펜하우어는 인간이 죽을 수밖에 없는 운명을 가지고 태어나기 때문에 가장 행복한 사람은 이 세상에 태어나지 않은 사람이요, 그 다음으로 행복한 사람은 세상에 태어났더라도 빨리 죽는 사람이라고 말했다. 그럼에도 인간은 맹목적인 삶에 대한 의지 때문에 죽지 못하고 살아가는 것이라고 했다. 참으로 암울한 이야기다.

예일대학의 셸리 케이건 교수의 죽음 강의는 하버드대학 마이클 샌덜의 정의, 탈벤 사하르 교수의 행복 강의와 함께 아이비리그의 3대 명강의로 유명하지만 죽음의 본질에 대한 어떤 뚜렷한 결론이 없어 실망하는 사람도 많다. 하기야 아무리 유명한 교수라 해도, 죽음을 경험해보지 못한 인간이 어떻게 죽음의 본질에 대해서 정확하게 설명할 수 있겠는가?

기독교는 사순절이 시작되는 첫 번째 수요일, 즉 재의 수요일에 전년도의 종려나무 가지를 태운 재를 이마에 바르며 "인생아 기억하라. 너는 흙이니 흙으로 돌아가리라"라고 말한다.

이것은 인간은 죽으면 육체는 흙으로 돌아가지만 영혼은 죽지 않고 조물주에게로 돌아간다는 신앙적인 교훈이 담겨 있는 말이다. 그러나 신을 믿지 않는 사람들은 인간이 죽은 후에 영혼이 조물주에게로 돌아간다는 말을 사실로 받아들이지 않는다.

죽음학자로 알려진 퀴블러 로스Elisabeth Kübler-Ross는 죽음을 극복하는 길은 죽음의 불가피성을 깨닫고 죽음을 받아들이는, 즉 죽음을 수용하는 것이라고 말한다. 그녀는 죽음은 피할 수 없기에 오히려 어떻게 살 것인가에 더 초점을 맞추라고 말한다. 그녀는 "살고, 사랑하고, 웃으라. 그리고 배우라"고 말한다.

나는 영성상담을 공부하면서 죽음을 주제로 하는 집단상담에 참석한 경험이 있다. 집단을 인도하던 어떤 교수의 말이 기억난다.

당신은 지금 죽음을 맞이하고 있다고 상상해 보라. 당신에게 남아 있는 시간은 단 5분뿐이다. 머리에 누가 떠오르는가? 그들에게 이제는 '안녕'이라고 말하면서 그들에게 무슨 말을 하고 싶은가? 죽음을 맞이하는 순간을 상상하면서 어떤 느낌이 들며, 어떤 깨달음을 얻었는가?

사람들은 죽음을 맞이하면서 대개는 자신의 삶을 돌아보고 후회와 아쉬움을 느낀다.

'나는 사랑하는 사람들에게 왜 그렇게 많은 상처를 주었고, 왜 사소한 일로 다른 사람들을 그토록 가슴 아프게 했던가? 왜 좀 더 사랑하며 살지 못했는가? 왜 좀 더 의미 있고 가치 있는 삶을 추구하며 살지 못했는가? 아, 나에게 다시 한번 삶의 기회가 주어진다면 좀 더 사랑하며 보람되게 살 수 있을 텐데⋯.'

그러나 정작 죽음이 눈앞에 닥쳐왔을 때에는 아무리 후회하고 아쉬움이 남아도 어찌할 방법이 없다. 만약 우리가 죽음의 문턱까지 갔다가 다시 살아오는 경험을 한다면 우리는 인생을 이전과는 전혀 다른 시각으로 바라보며 살 것이다.

만일 이런 경험을 할 수만 있다면 우리는 부쩍 성장할 수 있을 텐데 무슨 방법이 없을까?

죽음 명상을 하면서 죽음과 친해지는 것이 하나의 방법이다. 죽음을 맞이하는 상상 속에 잠겨 있다가 눈을 뜨면 나에게 남아 있는 삶의 시간이 많음을 알 수 있다. 그래서 소중한 사람들에게 사랑한다고 말할 시간도, 다투었던 사람들과 화해할 시간도, 또 의미 있는 일을 해볼 시간도 많이 남아 있음을 알게 된다.

그러므로 죽음의 순간을 상상해 보면, 자신의 삶이 더욱 새로워지고, 사랑하는 사람들이 더욱 소중해지며, 또한 자기에게 가장 의미 있는 일과 중요한 일을 다시금 깨닫게 되는 것이다.

붓다가 말했다.

모든 발자국들 가운데 코끼리의 발자국이 최고이고, 마음을 다스리는 명상들 가운데 죽음에 대한 명상이 최상이니라.

죽음에 대한 명상은 어떤 무서움이나 혐오감을 주려는 것이 아니다. 죽음에 대해 명상함으로써 죽음과 친해지고 죽음의 의미를 깨닫게 하려는 것이다. 죽음의 의미를 깨달은 사람만이 삶의 의미를 깨달을 수 있을 것이며, 그물에 걸리지 않는 바람같이 살 수 있을 것이다. 그러므로 죽음에 대한 명상은 궁극적 치유를 위한 명상인 것이다.

죽음은 인간에게는 궁극적 한계상황이며 완전한 상실의 경험이다. 죽음은 우리가 경험해보지 못한 것이기에 두렵기도 하고, 사랑하는 사람들과 헤어지는 상황이기에 슬프기도 하다.

그러나 나는 죽음을 받아들일 때 한계상황을 느껴서 포기하는 차원이 아니라, 어떤 깨달음을 얻어서 마음의 평화에서 오는 차원이었으면 좋겠다.

죽음에 대하여 생각하는 것을 회피하지 않고, 명상 속에서 죽음을 바라보고 깨달음을 얻어 죽음과 친해진 사람은 '언제든 죽기에 좋은 날'이라는 생각으로 죽음이 찾아올 때 미소로 환영할 수 있다.

그러나 이것은 손쉽게 얻어지는 경지가 아니라 오랜 명상 수련 가운데에서 얻어지는 경지이다. 죽음의 문제를 해결하지 못한 사람은 어느 누구도 삶에서 자유롭지 못하다. 죽음의 문제를 해결한 사람만이 삶에서 진정한 자유와 마음의 평화를 누릴 수 있다. 그래서 죽음의 문제를 기피하지 말고 죽음의 문제를 명상하는 것이 필요한 것이다.

기독교에서는 죽음의 문제를 신앙의 차원에서 다루고 있다. 죽음에 대하여 철학자와 심리학자 그리고 명상가들이 접근하는 태도와는 다른 차원으로 접근하고 있는 것이다. 하느님을 믿고 신뢰하면, 죽음이라는 것도 이 세상에서 저세상으로 옮겨가는 과정에서 일어나는 하나의 현상일 뿐이니 두려울 것도, 슬퍼할 것도 없다는 생각이다. 기독교에서는 장례식과 별세기도 때에 다음과 같은 성경 구절들을 주로 인용한다.

나는 부활이요 생명이니 나를 믿는 사람은 죽더라도 살겠고, 또 살아서 믿는 사람은 영원히 죽지 않을 것이다(요한 11:25-26).

우리가 빈손으로 이 세상에 와서 빈손으로 떠나가리라. 생명을

주신 이도 주님이시오 거두시는 이도 주님이시니 하느님의 이름
을 찬송하리로다(1디모 6:7).

피할 수 없는 죽음 앞에서 우리는 어떻게 살 것인가? 당신은
오늘 죽음이 당신을 찾아온다면 미소로 떠날 준비가 되어 있는가?
죽음과 친하라!

❖ 제5단계 명상 연습

1. 자신의 장례식 보기 명상

눈을 부드럽게 감고, 몸의 긴장을 풀고, 얼굴에는 미소를 띤 채 깊은 호흡을 하며 고요 속으로 들어간다.

당신의 장례식이 거행되고 있다. 많은 사람들이 왔다. 그들의 얼굴 표정을 살펴보라. 그들은 당신의 죽음에 대해 슬퍼하고 있는가? 그들은 당신에 대해서 수군거리고 있다. 그들의 소리를 가만히 귀 기울여 들어 보라. 뭐라고 하고 있는가? 좋은 사람이 죽어 애석하다고 말하는가, 아니면 나쁜 짓만 하다 잘 죽었다고 하는가? 당신은 그들에게 하고 싶은 어떤 말이 있는가? 있다면 어떤 말이 하고 싶은가?

이제 파놓은 땅 속에 당신의 관이 묻히고 사람들이 흙을 덮는다. 관 위에 떨어지는 흙 소리를 들어보라. 생생하게 들어보라.

이제 장례식이 다 끝나고 슬피 울던 당신의 사랑하는 가족과 친구들이 하나, 둘 떠나가고 있다. 그들이 모두 당신의 무덤을 떠난 후 당신은 홀로 남았다. 어떤 느낌이 드는가? 그 느낌 안에 잠시 머물러 보라.

이제 눈을 뜨고 현실로 돌아오라. 하늘은 여전히 푸르고, 당신이 사랑하는 사람, 미워하는 사람도 여전히 거기에 그대로 있다.

이제 그들에게 유언을 써 보라. 정말로 하고 싶은 이야기를 그대로 써 보라. 그리고 천천히 읽어 보라.

2. 당신은 대체로 긍정적인가, 아니면 부정적인가? 최근에 일어난 일을 떠올려 보고 당신이 거기에 어떻게 대응했는지 살펴보라.

3. 당신은 "하는 일에 최선을 다하되 결과에 집착하지는 마라"라는 말에 동의하는가?

4. 당신은 감동하고 감탄하는 편인가? 명상하면서 감동하고 감탄하는 훈련을 해보라. 그리고 당신의 감정이 어떻게 변화해 가는지 살펴보라.

5. 밥을 먹으면서 농부에게 감사하고, 숨을 쉬면서 나무에게 감사하고, 보면서 눈에게 감사하고, 걸으면서 다리에게 감사해 보라. 감사하는 마음이 당신의 행복에 어떤 영향을 끼치는지 살펴보라.

6. 당신은 어떤 일에서 전체를 보는 눈이 있는가? 명상 중에 전체를 보는 훈련을 해보라.

7. 당신은 자존심과 자존감을 구별하는가? 당신의 자존감은 얼마나 높은지 살펴보라.

8. 눈을 감고 마음을 고요히 한 후에 자비심 명상을 해 보라. 자비심 명상을 한 후에 마음이 평화로워지고 생명을 사랑하고 존중하는 마음이 커졌음을 경험해 보았는가?

에 필 로 그

　나는 명상을 처음 시작하는 사람들에게 그리고 이미 명상을 수련하고 있는 사람들에게도 조금은 색다른 차원의 명상을 안내하기 위하여 나름대로 나의 명상 경험을 토대로 이 명상 안내서를 썼다. 그러나 원고를 끝내 놓고 보니 아쉬움이 많이 남는다.

　이 책을 읽는 사람들에게 부탁하고 싶은 것이 있다. 그것은 인내심을 가지고 꾸준히 명상을 하라는 것이다. 명상을 너무 무겁게 생각하지 말고, 호흡을 하듯이 자연스럽게, 즐기며 하라고 권하고 싶다.

　우리는 삶의 여정에서 반드시 명상이라는 도구를 지니고 걸어가야 한다. 명상하면서 인생 여정을 걸어가는 사람의 삶과 그렇지 않은 사람의 삶은 근본적으로 다르다.

　우리는 짧은 인생을 살면서 수많은 사건들을 경험한다. 삶과 죽음의 문제, 의미의 문제, 행복의 문제, 마음의 상처와 치유의 문제, 가치 있는 삶의 문제, 고통과 고뇌의 문제 등등, 이런 수많은 문제들로 이어져 있는 것이 바로 삶이다.

　명상은 이런 문제들을 극복하고 초월하여 인생을 관조하며 살아갈 수 있도록 만들어 주는 보석 같은 도구이다. 명상하면서 깨달음을 얻은 사람은 대자유인이 된다.

어떤 사람이 붓다에게 물었다.

"명상에서 무엇을 얻었습니까?"

붓다가 대답했다.

"아무 것도 얻은 것은 없습니다. 그러나 명상을 하면서 내가 잃어버린 것을 말씀드릴 수는 있습니다. 나는 분노, 걱정, 우울증, 불안 그리고 늙어 가는 것과 죽음에 대한 두려움을 잃어버렸습니다."

다시 한번 권고의 말씀을 드린다.

호흡하듯이 자연스럽게 명상을 즐길 수 있을 때까지 결코 명상을 포기하지 말라.

〈부록〉

고쳐 쓰지 않은 명상시

숲속의 정원

어느 날, 명상이 나를 숲속의 정원으로 데려갔다.

숲에는 여전히 키 큰 나무들이
하늘 높이 쑥쑥 솟아 있고,
정원에는
온갖 색깔의 아름다운 꽃들이 피어 있다.

숲속의 정원에는
계절과는 관계없이 수많은 꽃들이 피어 있다.
목련, 라일락, 진달래, 국화, 장미, 백합, 개나리, 채송화, 해바
라기, 연꽃, 코스모스 그리고 벚꽃까지…

나는 잠시 꽃들의 아름다운 자태와 향기에 취해 춤을 춘다.
나를 잊고 환희의 춤을 춘다.
이름 모를 온갖 종류의 새들이 나뭇가지에서 노래를 부른다.
다람쥐, 토끼, 노루, 사슴들이 나무 사이를 뛰어다니며 놀고 있다.

꿀벌들이 윙윙거리며 이 꽃에서 저 꽃으로 꿀을 찾아 날아다닌다.

숲속 정원 한가운데로 조그만 강물이 흐르고 있다.
나는 강둑 바위에 앉아 흐르는 강물을 바라본다.
강물은 흘러간다.
흘러가고 또 흘러가고… 쉬지 않고 흘러간다.
나는 흘러가는 강물을 바라보고 있다.

싱그러운 바람이 귓가를 스쳐 지나가며 말한다.
나는 바람이 전해주는 소리에 귀를 기울인다.
바람이 말한다.

모든 것을 내려놓고, 그물에 걸리지 않는 바람처럼
자유롭게 살아 보세요.

꽃들도 말한다.

나처럼 아름답게 살아 보세요.
향기도 내뿜고, 벌들에게 꿀도 주면서…

강물은 흘러간다.
흘러가고, 또 흘러가고, 끊임없이 흘러간다.

나는 흘러가는 강물을 계속 바라보고 있다.

나는 벌떡 일어나
준비해온 비단 주머니를 열어
꽃씨를 뿌린다.

사랑의 꽃씨, 평화의 꽃씨, 희망의 꽃씨를 뿌린다.

내가 다시 숲속의 정원을 찾아올 때쯤이면
사랑의 꽃, 평화의 꽃, 희망의 꽃이 활짝 피어 있겠지.

나는 다시 춤을 춘다.
생명의 신비에 가슴 뛰고, 꽃들의 향기에 취해
나를 잊고 환희의 춤을 춘다.

　　명상 중에 머리에 떠오르는 생각, 느낌, 그림, 깨달음 등을
시 형태의 글로 옮겨 놓은 것을 나는 명상시瞑想詩라고 부른다.
나는 명상시는 고쳐 쓰지 않는다. 명상 중에 떠오른 생각을 그
냥 글로 옮겨 놓기 때문에 시의 문장이 화려하지도 않고 때로는
투박하기까지 하지만, 내용은 진실 되고 삶의 의미가 배어 있다.

나는 명상 중에 상상의 숲속 정원에 자주 가보곤 한다. 키 큰 나무들과 아름다운 꽃들과 나비와 벌들, 평화스러운 동물들 그리고 새소리들을 들으면 자연에 대한 경외의 마음이 활짝 열 린다. 그러면 환희의 기쁨에 취해 춤을 춘다. 걱정 근심 미움 등은 강물에 흘려보내고, 살아 있는 모든 존재들의 행복을 기 도하며 춤을 춘다. 숲속의 정원은 그런 경험을 시로 쓴 것이다.

고쳐 쓰지 않은 명상시 2

어머니의 아름다운 미소는 어디로 갔을까

바람 소리 느슨하게 솔방울을 흔들고 가던
그 숲 속에 다시 가 보았다.

그 나무, 그 새소리, 그 바람은 여전히 거기에
그대로 있건만
예쁜 자태로 내 손을 잡고 숲을 거닐던
어머니의 미소는 더 이상 그곳에 없었다.

타고난 한량기로 삶을 탕진하던 아버지의 무책임으로
어머니는 자식들을 기르시느라 무진 애를 쓰셨지.

온갖 새들이 저마다 명랑하게 지저귀고
느슨한 바람 소리, 나무 사이를 휘감아 돌던
그 숲속을 나는 어머니와 함께 걸었다.

삶의 질곡 속에서도

미소를 잃지 않으시던 어머니의 얼굴을
나는 참으로 예쁘다고 생각했었지.

어머니에게 손목 잡혀 걸으면서
어린 나는 어머니의 행복을 위해 맹서도 했었지.

이제 다시 가 본 그 숲 속에는
어머니의 미소는 어디에서도 보이지 않았다.

아, 그 자태 곱던 어머니의 모습은 어디로 갔는가?
신비롭던 어머니의 예쁜 미소는 도대체 어디로 갔단 말인가?

나뭇가지 사이로 비치는 햇살에 묻혀
수채화의 물감처럼 퍼지는 소쩍새의 울음만이
나에게 답을 주려는 것 같았다.

　나는 어느 대학에서 대학원생을 대상으로 집단 명상을 지도
한 적이 있다.
　나는 학생들에게 바로 지금 느끼고 있는 가장 강렬한 감정
을 그림이나 시나 춤으로 표현해 보라고 인도하면서, 나 자신
도 눈을 감고 가장 강렬한 감정을 찾아 내면을 탐구해 보았다.

명상 중에 어머니의 임종을 보지 못해 늘 죄책감을 느끼고 있던 내 눈 앞에 초등학교 시절에 어머니와 함께 거닐던 숲속의 광경이 생생하게 펼쳐졌다. 내 눈에서는 눈물이 흘러내렸다. 그러면서 나의 감정을 살펴보았다.

어머니에 대한 죄책감과 함께 진한 슬픔이 가슴속에서 밀려 올라왔다. 이 슬픔은 자태 곱던 어머니의 모습과 예쁜 미소를 그 숲속에서 다시는 볼 수 없다는 존재론적인 슬픔이었다.

"아, 그 아름다운 미소와 함께 어머니는 도대체 어디로 가셨단 말인가?"

이 시는 명상 중에 나의 내면에 떠올라 형성된 안타까운 감정을 표현한 시이다.

고쳐 쓰지 않은 명상시 3

그리움

내 마음속 깊은 곳에는
나도 모르는 누군가가 있다.

깊은 밤
나는 잠 못 이루며 뜰을 서성이고 있다.
나도 모르는 그가 나를 흔들어
그리움에 목이 타게 하기 때문이다.

나는 그 그리움의 정체를 모른다.
그러나 나를 흔들어 잠 못 들며 서성이게 하는
그이에 대한 그리움인 것만은 확실하다.

시편의 노래처럼
목마른 사슴이 시냇물을 찾기에 갈급함같이
내 영혼은 그를 찾아 목이 마르다.

아, 내 마음 속 깊은 곳에서 나를 흔들어
당신에 대한 그리움으로 목마르게 하는
당신은 과연 누구십니까?

　분석심리학자인 칼 융은, 인간은 중년기 이전에는 관심의
에너지가 외부를 향해 흐르지만, 중년기 이후에는 관심의 에너
지가 내면을 향해 흐르기 시작한다고 말한다.
　중년기 이전에는 좋은 대학에 들어가는 것, 좋은 직장을 얻
는 것, 출세하는 것, 돈을 많이 버는 것, 좋은 배우자를 만나 결
혼하는 것 등, 관심의 에너지가 온통 외부를 향해 있지만, 중년
기 이후에는, 나는 누구인가, 삶이란 무엇이며 죽음이란 또 무
엇인가, 어떻게 살아야 할 것인가 등등의 좀 더 본질적인 문제
에 관심을 가지기 시작한다는 것이다.
　나도 언제부터인가 절대자인 하느님을 만나 이런 질문들을
하고 싶은 마음이 간절해졌다. 나는 기독교인이고 성직자이지
만 하느님은 언제나 저만큼 멀리 떨어져 있어 손에 잘 잡히지
않았다. 그럴수록 그이에 대한 그리움과 간절함은 깊어져 갔
고, 손에 잡히지 않는 안타까움은 커져만 갔다.
　이 시는 그런 안타까움으로 잠 못 이루며 서성이는 내 모습
을 표현해본 것이다.

고쳐 쓰지 않은 명상시 4

벌거벗은 어린 나무와 겨울바람

어느 추운 겨울날 밤에
허름한 시골 농가에서 하룻밤을 지낸 적이 있다.

자릿기로 놓아둔 그릇의 물이 얇게 얼었다.
방안이라 해도 입을 호- 불면
허공에 서리가 성긴다.

창문 밖으로 겨울바람이
사나운 채찍 소리를 내며 지나간다.
그런데, 벌거벗은, 아직은 어린나무 하나가
온몸으로 그 사나운 바람을 버티며 서 있다.

바람이 너무 사나우면
힘에 밀려 허리가 조금 꺾이지만
곧 다시 바로 선다.

나무는 결코 굴복하지 않고
밤새도록 그렇게 서 있다.

그는 따뜻한 봄의 생명을 기다리며
사나운 바람에 맞서 싸우고 있는지도 모른다.

나는 벌거벗은 어린나무로부터
참으로 많은 것을 배웠다.

누구에게나 힘든 시기가 있다. 신앙이 있고, 명상하는 사람에게도 견디기 어려운 일이 닥쳐올 때가 있다. 그러나 참된 신앙이 있거나, 바르게 명상하는 사람은 어려운 시련에 넘어지거나 굴복하지 않고 그 시련을 극복하고 일어선다.

나에게도 힘든 시기가 있었다. 나는 명상을 하면서 나를 힘들게 하는 그 사건들을 바라보고 있었다. 그러다가 언젠가 농촌의 한 친구 집에서 경험한 겨울의 사나운 바람과, 그 사나운 겨울바람에 꺾이지 않고 버티던 어린 나무가 눈앞에 보였다.

샬롬! 옴 샨티! 나는 평화로운 영혼… 소리에 놀라지 않는 사자이다.

고쳐 쓰지 않은 명상시 5

명상 속에서 본 그림

"빠알간 풍경 소리
물감처럼 하늘 가득 퍼져 가고
파아란 바람은
푸른 산봉우리를 휘감아 돌아가네."

나 자신도 이 시의 의미를 아직 모르고 있다.
다만 명상 속에서 이런 그림이 문득 보여
글로 옮겨 놓았을 뿐이다.

그러나 이 그림을 보면서
마음속에 평화와 자유를 느낄 수가 있었다.

때로는 의미를 몰라도,
의식이 텅 비어 있어도,

마음이 한없이 평화롭고 자유로운 경험을
할 때가 있다.

이런 현상에 초자연적인 의미를 붙여
신의 계시니, 초능력이니 운운 하는 것은
마음이 아직 맑거나 깊지 못한 증거이다.

그저 평화롭고, 자유롭고, 고요할 뿐이다.
이것이 텅 빈 충만의 경지가 아닐까?

　나는 어느 날, 명상음악을 들으면서 눈을 감고 심호흡을 하
고 있었다. 그 명상음악 속에는 은은하고 신비스러운 풍경 소
리가 들리고, 귀와 가슴을 헤집고 흘러가는 바람소리도 들렸
다. 마음의 고요 속에서 풍경소리와 바람소리를 듣고 있었다.
그런데 갑자기 풍경소리가 빠알간 색으로 하늘 가득 퍼져가고,
바람은 파란 색을 띄고 산봉우리를 휘감아 돌아가는 그림이 보
였다. 나는 그 그림을 보면서 한없이 평화롭고, 신비롭고, 고요
한 마음을 느꼈다. 명상 중에는 가끔 이런 그림이 나타날 때가
있다. 어떤 때는 그 그림의 의미를 알 수도 있고, 또 어떤 때는
모를 수도 있다. 그러나 그것은 그리 중요하지 않다. 중요한 것
은 마음이 더 높은 경지로 성장하는 느낌을 경험하는 것이다.
이런 현상에 초자연적인 의미를 붙여 신의 계시니, 초능력이니
운운하는 것은 마음이 아직 맑지 못하다는 증거일 것이다.

고쳐 쓰지 않은 명상시 6

나는 평화로운 영혼

아, 나는 평화로운 영혼
그물에 걸리지 않는
바람 같은 존재

무심히 흘러가는
바람을 보며

가벼운 바람에 따라
부드럽게 흔들리고 있는 들꽃을 보며

한가로이 내리는
눈을 보며

발갛게 물들어 가는
저녁노을을 바라보며

안개 낀 새벽 숲속에서

이름 모를 새소리를 들으며

나는 시리도록 차가운 슬픔과
용광로처럼 뜨거운
환희를 동시에 느낀다.

아,
나는 평화로운 영혼, 자유로운 영혼…

그물에 걸리지 않는
바람 같은 존재.

　인간은 모두 자아를 초월하고 싶은 욕구를 가지고 있다. 심리학자 아브라함 매슬로우는 인간의 욕구를 다섯 단계로 설명했다. 생리적 욕구, 안전에 대한 욕구, 사랑과 소속에 대한 욕구, 인정에 대한 욕구 그리고 자아실현에 대한 욕구가 그것이다.
　그런데 자아실현 욕구의 최상층에는 자아초월의 욕구가 있다. 인간의 한계를 뛰어넘고 싶은 욕구, 자신의 욕망을 다 내려놓고 대자유인이 되고 싶은 욕구, 있으나 없으나 웃으며 감사하며 살고 싶은 욕구, 다른 사람이 알아주지 않아도 만족하며 살고 싶은 욕구, 나이가 들어가는 것과 죽음까지도 두려워하지 않고 받아들이고 싶은 욕구 그리고 대자연의 신비에 마음을 열어놓고, 인생을 관조하며 살고 싶은 욕구 등등 말이다.

이 시는 그런 자아초월의 자유로운 영혼을 꿈꾸며 써본 시이다.

고쳐 쓰지 않은 명상시 7

하늘바람

모든 새들은 하늘을 높이 날고 싶다.

높이 날면
저 멀리까지 볼 수 있어
호기심에 가슴이 뛰기 때문이다.

그러나 높은 곳 어느 지점에 이르면
새들은 힘이 부쳐 더 이상 높게 날아오르지 못 한다.

그래서 새들은
높이 날아오르기를 포기하고
다시 낮은 곳으로 날아 내려온다.

그러나 독수리는 다르다.
독수리는 공기가 희박하여
날아오르기가 힘들 때
결코 포기하지 않고

힘차게 날갯짓을 한다.

그러면, 기적이 일어난다.
독수리를 위로 쑥 밀어 올려주는
강한 한 줄기 바람이 일어난다.

독수리는 하늘 높이 날면서
멀리, 넓게
사람과 나무와 꽃과 숲과
그리고, 지평선까지도 바라본다.

우리는 이것을 하늘바람이라 불러도 좋으리라.

사람은 모두 꿈을 가지고 살아간다. 꿈이 있어 세상은 아름
답고, 삶은 활기차고, 열정과 환희가 있다.

그러나 인생의 여정에서는 꿈의 비전이 보이지 않는 어느
지점이 있다. 때로는 꿈을 이룰 수 있는 능력이 부족할 때도 있
고, 또 때로는 꿈 자체가 잘못된 것이어서 꿈의 색깔이 퇴색될
때도 있다. 그러면 우리는 보통 삶의 의미를 잃어버리고, 부정
적이 되거나, 허무주의에 빠지거나, 또는 사이비 종교에 빠지
기도 한다.

명상은 이럴 때 우리에게 마음의 눈을 뜨게 해준다. 새로운 의식의 창을 마련해 준다. 명상은 꿈을 이룰 수 있는 능력이 부족하면 그 꿈을 포기하지 않고 꿈을 이룰 수 있는 새로운 힘과 용기를 주기도 하지만, 그 꿈이 잘못된 것이라면, 새로운 꿈을 꾸도록 마음의 눈을 열어준다.

독수리가 힘찬 날갯짓을 하면 독수리를 하늘 높이 날아오르게 만들어 주는 하늘 바람처럼, 명상은 우리를 더 높게 그리고 더 멀리 볼 수 있는 꿈을 꾸도록 만들어 준다. 더 고귀하고 더 영원한 꿈을 꾸도록 의식을 새롭게 해준다.

나는 이것을 영성의 날갯짓이라고 부른다. 그리고 영성의 날갯짓은 명상에서 이루어진다.

고쳐 쓰지 않은 명상시 8

고독

명상의 깊은 고요 속에서
나는 고독을 만난다.
명상에서 만나는 고독은 즐겁다.

사람들은 고독을 싫어한다.
왜 고독을 싫어할까?

고독은 혼자라는 느낌을 불러오고
혼자라는 느낌은 또 두려움을 불러오기 때문이다.
혼자 남겨졌다는 두려움……
그래서 고독은 두려움이자 고통이다.

그러나 명상에서 만나는 고독은 즐겁다.
고독의 침묵 속에서 나는 지혜로운 소리를 듣는다.
지혜로운 소리는 나를 깨달음으로 인도한다.

고독의 침묵 속에서 수많은 존재들을 만난다.

고독에서의 만남은 깊은 만남이다.
깊은 만남이란 존재의 본질을 만나고 함께 하는 것이다.

어떤 성인이 말했다.
"빛과 인도자가 밖에 없어도 내 마음 속에 빛나는 등불이 있네."

나는 침묵의 고독 속에서 내 마음 속의 등불을 발견한다.
왜냐하면 침묵의 고독 속에서만
마음의 등불이 빛을 발하기 때문이다.

명상은 마음의 등불에 빛을 밝히는 것이다.

옛날 이스라엘의 현자들은 절대자의 말씀을 들으러 사막으로 나가곤 했다. 히브리말로 사막은 '미드바르'라고 한다. 그런데 이 말의 뜻은 '말씀을 듣는다'는 뜻이다. 사막은 문명의 혜택이나 풍요로움이 없고, 절대 고요가 감도는 곳이다. 고요 속에 머물면 고독감을 느끼게 된다.

인간은 고독 속에서 자신을 성찰하게 되고, 자신의 내면에서 올라오는 소리에 귀를 기울이게 된다. 그러면서 깨달음을 얻고 성장하게 되는 것이다. 고독 속에서 우주를 만나고, 인간 실존의 본질을 만나고, 기존에 알고 있는 지인들의 존재를 깊은 차원에서 다시 만나게 된다.

그래서 인간은 시공을 초월하여 사막으로 나가야 한다. 그러나 시간과 공간의 제약으로 실제로 사막으로 나가 보는 것은 어렵다. 그래서 우리는 우리가 처해 있는 장소에서 명상을 하는 것이다.

명상은 우리가 사막을 경험하는 행위이기 때문이다.

태초 이전엔 무엇이 있었을까?

성경에선 이렇게 말한다.

"태초에 말씀이 계셨고,
이 세상의 모든 것은 말씀으로 탄생되었다.
이 말씀은 곧 하느님이었다."

과학자들은 이렇게 말한다.

"태초에 빅뱅Big Bang이 있었다.
138억 년 전,
크기는 거의 제로이며, 온도는 거의 무한대로 뜨거운 채로
그 안에서 모든 것이 융합되어 끓고 있는
내부의 한 점으로부터
거대한 폭발이 일어나 모든 것이 밖으로 쏟아져 나왔다."

말씀이 누구이며
빅뱅이 참으로 어떤 것인지

나는 모른다.

어쩌면 말씀이 바로 빅뱅일지도 모른다.

나는 궁금하다.
태초 이전엔 무엇이 있었을까?
빅뱅 이전의 우주는 어떤 모습이었을까?

과학자들은 말한다.
빅뱅 이전엔 시간도 공간도 존재하지 않았다고…
나는 빅뱅의 시간과 공간의 틀을 초월하고 싶다.

빅뱅의 시간과 공간의 틀을 벗어나서 바라보면
다른 차원의 시간과 공간이 보인다.
그 다른 차원의 시간과 공간의
처음은 어디이며 또 끝은 어디인가?

모든 것은 시작이 있고 끝이 있다.
그러나 시간은 어떤가?
시간의 시작이 있다고 하면
시작의 이전이 있어야 하고,
시간의 끝이 있다고 하면

끝의 다음이 있어야 한다.

그러므로 시간에 대해 말하자면
시간은 시작이 있다고 해도 틀리고
시작이 없다고 해도 틀리다.
시간은 끝이 있다고 해도 틀리고
끝이 없다고 해도 틀리다.

공간도 마찬가지이다.

시간과 공간은 끝이 있는가, 없는가?
내가 이 질문에서 얻은 답은
그저 빙그레 웃을 뿐…

　　나는 고등학교 시절부터 지금까지도 시간과 공간은 처음과
끝이 있는가, 없는가 하는 문제로 참 생각을 많이 해왔다. 기독
교의 창조 이론으로도, 불교의 영겁에 대한 이론으로도, 시간
과 공간에 대한 과학자의 설명으로도 나는 해답을 찾지 못했다.
　　모든 것은 다 처음과 끝이 있기 마련인데, 시간과 공간은 이
원칙 안에 집어넣을 수가 없었다. 시작이 있다고 해도 맞지 않
고, 시작이 없다고 해도 맞지 않는 이 모순된 문제를 놓고 끙끙

거리다 나 나름대로의 해결책을 찾았다.

그것은 명상 속에서 빙그레 미소를 띤 채 바라보기만 하는 문제로 분류하기로 한 것이다. 나는 꼭 해답을 찾지 못하더라도 명상 속에서 그냥 바라보기만 해도 만족하는 몇 가지 질문들을 '미소를 띤 채 바라보는 문제들' 부류로 분류해 놓았다. '신神은 존재하는가, 존재하지 않는가', '전생은 있는가, 없는가', '죽음 후의 삶은 존재하는가, 존재하지 않는가' 등의 문제들이다.

나는 명상 중에 얼굴에 미소를 띠고 이런 문제들을 바라본다. 이전에는 이런 문제들에 대한 답을 찾지 못해 안타깝고 힘들었지만, 미소를 띠고 바라보는 지금은 마음이 한없이 평화롭고 넉넉하다.

혹시 누군가가 물어보면 "저는 잘 모르겠습니다"라고 대답하곤 한다.

고쳐 쓰지 않은 명상시 10

나는 삶의 시계 몇 시쯤에 서 있을까

집 앞 쉼터에
새벽의 희미한 어둠 속에 앉아 있다.
어둠이 서서히 걷히고 밝음이 스며든다.

나는 살며시 눈을 감고
입가엔 살짝 미소를 띠고서
심호흡을 하면서
아침 명상에 잠겨 있다.

요란한 매미 소리와
창공의 푸른 기운에 살짝 눈을 뜨고
매미 소리를 들으며
나무 사이로 푸른 하늘을 올려다본다.

파아라니 보이는 저 하늘의 끝은 어디일까?
저 하늘 끝에서 지구를 바라보면 지구는 어떤 모습일까?
1990년 우주 탐사선 보이저 2호가

64억km나 떨어진 먼 곳에서 찍은 지구의 사진을 보내왔다.

광활한 우주 공간에서 본 지구의 모습은
모래보다도 적은 한 톨의 푸른 점이었다.
칼 세이건은 이 지구의 사진을 '창백한 푸른 점'이라고 불렀다.

이 창백한 푸른 점 위에서
사람들은 저마다 고래고래 자기의 소리를 지르다가
때가 되면 무대의 뒤편으로 슬며시 사라져 갔다.
나 또한 그럴 것이다.

나는 나의 삶의 시계에서 몇 시쯤에 서 있을까?
아마 11시쯤의 시점에 서 있을 것 같다.
나에게 주어진 시간이
한 시간 남짓 남아 있다는 생각에 잠시 쓸쓸해진다.

매미 소리에 귀를 기울여본다.
푸르디 푸른 창공을 바라본다.
그리고 그 깊은 연못에 빠져 들어간다.

신비하고 아름다운 매미 소리와 푸른 하늘의 연못에 취해
잠시 나 자신을 잃어버리고 황홀경에 빠져든다.

무한한 우주의 크기에 넋을 잃다가
생명의 유한함에 쓸쓸해 하다가
매미 소리와 푸른 하늘의 아름다움에 황홀해 하는
나는 과연 누구일까?

　사람들은 누구나 실존론적인 의문과 고민을 안고 살아갈 것이다. 시간의 처음과 끝은 어디이며, 우주의 끝은 어디이며 그리고 나의 생명의 끝은 또 어디쯤일까….

　64억 km나 떨어진 먼 곳에서 찍어 보내온 지구의 사진은 그야말로 모래 한 알만한 크기의 희미한 푸른 점이었다. 이 조그맣고 창백한 푸른 점 안에서 서로 미워하고, 싸우고, 좌절하고, 고뇌하고… 그러다가 사라져 가는 존재인 인간들… 그리고 그 중에 하나인 나….

　나는 이른 새벽, 집 앞 쉼터에 앉아 때로는 눈물을 흘리다가, 또 때로는 미소를 지으면서 나 자신에게 일러 준다.

　"미워하지 말고, 쫓기는 짐승처럼 살지 말고, 감사하며, 사랑하며, 웃으며 살아라. 그리고 떠나갈 때가 되면 미소를 지으며 떠나라."